법가를 위하여

김석 지음

박영사

서문

졸저 《법철학소프트》를 출간한 지 어느덧 5년여의 세월이 흘렀습니다. 제목 그대로 법철학이라는 주제가 어렵고 딱딱해서 가볍게 접근해보자는 취지였습니다. 교양서를 표방했지만 애초에 큰 반향을 기대하지는 않았고 결과에 불만은 없습니다. 그저 출판사에 폐나 끼치지 말자는 생각이었는데, 오히려 몇몇 독자로부터 과분한 평가를 받기도 했습니다.

다만 내내 마음에 걸렸던 것은 법을 말하면서 너무 서양의 인물이나 사상에 편중한 것이 아닌가 하는 것이었습니다. 분명 동양에도 사람이 살고 있었고, 법과 국가가 존재하고 있었으며, 그에 대한 뛰어난 사유와 통찰이 있었기 때문입니다. 법과 그 물화(物化)인 국가가 야만과 문명을 가르는 기준이라면 동양사회는 일찍이 어쩌면 서양보다 먼저 문명의 길로 진입했다고 할 수 있습니다.

지금으로부터 2,000여 년 전 중국 춘추전국시대에 일군의 걸출한 법가들이 등장하여 법치의 기치를 높이 들고 중앙집권적 통일국가를 실현한 것이 그 실례입니다. 이는 법률사상사에 있어서 그 유례를 찾기 어려울 만큼 매우 이례적이고 선진적인 현상이었습니다.

본서는 말하자면 '발분(發憤)의 기록'이 아니라 종전 《법철학소프트》에 대한 일종의 부채의식의 산물입니다. 주로는 춘추·전국시대의 제자백가, 그 중에서도 법가(法家)라 불리는 사람들의 삶과 생각, 분투를 기록하였습니다.

　그간 법가에 관한 책이 없었던 것은 아니나 대개는 원전을 그대로 번역·소개하거나 역사적, 정치적 접근을 시도한 것이어서 법률가의 관점에서 일목요연하게 정리·소개한 책은 없었습니다. 그리하여 사방이 길이지만 어느 것도 길이 아닌 사막을 걷는 심정으로, 제 걸음이 끝나는 곳에서 누군가 다시 시작하기를 바라는 마음으로 책을 써내려갔습니다.

　'주제와의 사랑'은 언제나 집필의 동기이자 덫입니다. 불가근불가원(不可近不可遠)을 되뇌었지만 혹여 인물을 미화하고 사건을 과대평가한 것은 아닌지 조심스럽습니다. 정작 우리 자신의 법 이야기를 하지 못한 아쉬움도 남습니다. 흔한 말이지만 이 책에 오류나 한계가 있다면 이는 전적으로 독학(獨學)을 고수한 필자의 책임입니다.

　검·경 수사관 조정이나 고위공직자범죄수사처 등 형사사법 제도의 문제뿐 아니라 개개사건의 수사와 재판을 둘러싸고 연일 논란이 끊이지 않는 요즘입니다. 자유는 권력(법)에의 참여를 통해서 실현되는 것이고, 기본적으로 긍정적인 현상입니다. 다만 요란한 목소리에 비해 성찰은 부족한 것이 아닌지, 함성과 이성(理性)간의 괴리, 불균형이 염려됩니다.

　아무쪼록 본서가 일선의 법률가들 뿐 아니라 오늘을 사는 다수의 보통 사람들에게 '법이란 무엇이고, 어떠해야 하는지' 다시 한 번 생각해보는 사색의 계기가 되길 바랍니다. 사무실 식구들, 가까운 벗들에게 고마운 마음을 전합니다.

2021년 상동에서

차례

법가는 누구인가

왕족과 대신들은 도왕(悼王)의 죽음을 계기로 난을 일으켜 오기(吳起)를 공격했다. 오기는 달아나다가 도왕의 시신 위에 엎어졌다. 오기를 공격하던 무리가 화살을 쏘아 오기를 죽이자 도왕의 시신에도 화살이 꽂혔다.

<손자, 오기열전>

그들의 최후

죽음은 삶의 끝이자 완성입니다. 때로는 한 사람의 죽음만큼 그의 삶을 단적으로 보여주는 것도 없습니다. 역사가 사마천은 《사기》에서 전국(戰國)시대 위(衛)나라 사람 상앙(商鞅)의 최후를 이렇게 기록하고 있습니다.

> 진(秦)나라에서는 군사를 내어 상군을 치고 정나라의 맹지에서 그를 죽였다. 진나라 혜왕은 상군을 거열형으로 다스리고 이렇게 말했다.
> "상앙처럼 모반하는 자가 되지 말라!"
> 그리고 상군의 집안을 모두 죽여 버렸다.
>
> <상군열전>

한(韓)나라의 서(庶)공자 출신 한비(韓非)의 죽음에 대해서는 이렇게 묘사합니다.

> 진(秦)나라 왕은 —한비를 옥리에게 넘겨 처리하도록 하였다. 이사(李斯)는 관리를 시켜 한비에게 독약을 보내 스스로 목숨을 끊도록 하였다. 한비는 직접 진나라 왕에게 말하기를 요청했지만 만날 길이 없었다. 진나라 왕이 뒤늦게 후회하고 사람을 보내 한비를 놓아주게 하였으나, 한비는 이미 세상을 떠난 뒤였다.
>
> <노자, 한비열전>

초(楚)나라 상채 사람 이사의 처형 장면에 이르러서는 그 정경이

눈에 잡힐 듯 더 생생합니다.

> 2세 황제 2년 7월에 이사에게 오형(五刑)을 갖추어 그 죄를 논하고 함
> 양의 시장 바닥에서 허리를 자르도록 하였다. 이사는 옥에서 나와 함께
> 잡힌 둘째 아들을 돌아보며 말했다.
> "내 너와 함께 다시 한 번 누런 개를 끌고 상채 동쪽 문으로 나가 토끼
> 사냥을 하려고 했는데, 이제는 그렇게 할 수 없겠구나"
> 드디어 아버지와 아들은 소리 내어 울고 삼족이 모두 죽음을 당했다.
> <이사열전>

하나같이 참혹하고 처연한 최후입니다.

거열형(車裂刑)은 말 그대로 수레로 찢어 죽이는 형벌입니다. 사
람의 팔, 다리, 목을 다섯 수레에 매달고 각기 다른 방향으로 달리게
하여 찢어 죽이는 것입니다. 죽은 사람에게 이와 같은 형벌을 가하는
것은 오마분시(五馬分屍)라고 합니다. 다섯 마리의 말이 시신을 찢는다
는 뜻입니다.

오형(五刑)은 얼굴 등에 먹물을 새기는 묵형, 코를 베는 의형, 발
뒤축을 잘라내는 월(비)형, 생식기를 거세하는 궁형, 사형에 해당하는
대벽 이렇게 다섯 가지 형벌을 말합니다. 하(夏)나라 때 시작되어 서
주(周) 시대에 제도화된 중국 고대의 형벌입니다. 우리가 익히 잘 알
고 있는 또 다른 오형, 즉 수나라 때 제정되고 우리의 고려·조선에서
도 시행되던 오형(태형笞刑, 장형杖刑, 도형徒刑, 유형流刑, 사형死刑)과는 구
별됩니다.

고대의 오형은 전부 신체에 직접 가해하는 체형(體刑)으로 이루

어진 반면, 후대의 오형은 체형과 노역형, 자유형이 결합된 것입니다. 형벌의 역사는 이처럼 체형을 점차 제한·배제하는 방향으로 발전해 왔으며 오늘날에는 태형, 장형 등도 사라져 '자유형, 명예형, 재산형' 이 주를 이루고 있습니다. 생명형(사형제)의 정당성이 끊임없는 도전 을 받는 것은 그것이 마지막 남은 체형이자 그것도 극단의 체형이라 는 점에 있습니다.

대벽(大辟)은 주로 머리를 베어 시신을 거리에 버리는 참수형(기 시형), 허리를 잘라 죽이는 요참형, 앞서 본 거열형의 형태로 집행되 었는데, 그 밖에도 은(殷)의 주왕(紂王)과 같은 포학한 통치자들은 포 락형(기름 바른 구리기둥 위를 걷다가 떨어져 불에 타죽게 하는 형벌), 부복형 (가슴을 갈라 심장을 꺼내는 형벌), 해포형(죄인을 죽인 후 잘게 갈거나 말려서 육포를 만드는 형벌) 등과 같은 법외의 극형을 사용하기도 했습니다.

그런데 도대체 이들은 무슨 이유로 고슴도치처럼 온 몸에 화살 을 맞아 죽고, 사지가 찢겨 죽고, 심지어 오형을 골고루 받은 뒤 다시 작두에 허리가 베어지는 처참한 죽음을 맞이했을까요? 흔히 하는 말 로 인과응보이고 칼로 흥한 자가 결국 칼로 망한 것일까요? 그들은 누구이며, 그들이 죽음을 통해 이루고자 한 것은 무엇일까요?

법가들

춘추·전국시대의 제자백가 중에서 법치를 주장하고 실천한 사 람들 이를테면 관중, 자산, 이회, 오기, 상앙, 신불해, 신도, 순자, 한 비, 이사 같은 사람을 대체로 법가(法家)로 분류합니다.

가(家)라고 하였지만 이들이 유가(儒家)나 묵가(墨家)처럼 사제관계로 묶이거나 조직이나 파벌을 이루어 활동한 것은 아닙니다. 한마디로 패밀리(family)가 아닙니다. 오히려 서로 다른 시간과 공간에서 혈혈단신, 각개약진 했다고 보는 것이 더 정확한 표현인데, 다만 그들의 사상적 공통성에 주목하여 법가라 통칭할 뿐입니다.

사마천은 한비와 이사가 순자(荀子) 문하에서 동문수학한 사이라고 했지만 그러한 통설에 강한 의문을 제기하는 사람도 있습니다. 이사가 순자의 제자라는 점은 여러 문헌(이사열전, 염철론, 순자)에서 확인되고 개연성도 높습니다. 이사는 본래 초나라 사람이고 순자도 말년을 초나라에서 보냈습니다. 그러나 한비와 순자의 경우 특별한 연결고리가 발견되지 않습니다. 특히《한비자》<55편>에는 스승 순자에 대한 이야기가 거의 없는데 한비가 순자의 제자라면 그러한 일은 상식적으로 납득하기 어렵습니다. 사마천이 극적 효과를 배가하기 위해 지어낸 이야기라는 것입니다.

생몰연대에 따라 나열하면 대체로 관중(?~기원전 645년?), 자산(?~기원전 522년?), 이회(기원전 455?~395년?), 오기(?~기원전 381년?), 상앙(?~기원전 338년?), 신불해(기원전 395?~337?), 신도(기원전 390?~315년?), 순자(기원전 314?~238년), 한비(?~기원전 233년), 이사(?~기원전 208)의 순서입니다. 시대로 보면 관중은 춘추 중기, 자산은 춘추 말기, 이회·오기는 전국 초기, 신불해·신도·상앙은 전국 중기, 한비는 전국 말기, 이사는 전국 말기에서 진 제국시대 사람이라 할 수 있습니다. 관중은 (동방의) 제(齊)나라, 자산은 (한나라의 전신인) 정(鄭)나라, 이회는 (중원의) 위(魏)나라, 오기는 (남방의) 초나라, 신불해·한비는 (중원의) 한나라, 상앙·이사는 (서방의) 진나라에서 주로 활동하였습니다.

법은 현실세계의 규율을 목적으로 하기 때문에 실용성과 강제성을 특징으로 합니다. 당연히 법가는 단순한 학자, 사상가가 아니라 대부분 현실 정치의 한복판에서 활동한 정치인이자 관료들이었습니다. 관중, 자산, 오기, 상앙, 신불해, 이사 등은 모두 그 나라의 재상을 지낸 사람들이었고, 순자도 훗날 난릉의 현령(지방장관)을 지냈으며, 한비는 왕의 서자 출신 귀족으로 '존한책(存韓策)'을 설파하기 위해 진(秦)나라에 특파되었습니다.

그들은 당대의 현실에서 주로 왕실귀족의 특권을 배제하거나 제한하는 역할을 수행하였기 때문에 기성 질서를 옹호하는 귀족계급이나 유가집단과 필연적으로 대립하고, 갈등할 수밖에 없었습니다. 법가가 모두 비극적 최후를 맞은 것은 아니지만 앞서 오기나 상앙, 한비, 이사와 같은 사람들의 처연한 종말은 법가와 봉건귀족세력간의 갈등과 투쟁이 얼마나 치열했는지, 그들에 대한 왕실귀족의 증오가 얼마나 강렬했는지 단적으로 보여줍니다.

사마천의 평가

한(漢) 무제 때 '백가를 배척하고 오직 유학만을 존중한다'는 정책을 시행한 이래로 법가에 대한 평가는 대체로 인색했습니다. '법가가 패도를 추구하고, 엄한 형벌을 시행하고, 사상의 자유를 억압하고, 절대군주제를 옹호하였다'는 것이 주된 이유입니다. 이는 유가가 이상으로 여기는 왕도, 덕치, 교화, 문화, 협치의 가치와 상반됩니다. 사마천도 다음과 같이 비판적으로 평가합니다.

법가는 엄격했지만 은혜는 적다. 법가는 친소(親疏)를 구별하거나 귀천(貴賤)을 달리 대하지 않고 일률적으로 법으로 단죄했기 때문에 가까운 사람을 친히 대하고 존귀한 사람을 존귀하게 대하는 은혜가 끊어졌다. 이런 것은 일시적 계책으로는 쓸 수 있어도 오랫동안 쓸 수는 없다.

법가가 친친존존(親親存存)의 전통적 신분질서를 부정하고 형벌의 평등한 적용과 법치의 일원화를 꾀한 것은 한시적인 대책, 미봉책일 뿐이라는 것입니다.

법가의 대표자인 한비(韓非)가 한비자(韓非子)로 불린 것도 그와 같은 숭유(崇儒)의 전통과 밀접한 관련이 있습니다. 이름이 한비이므로 한비자로 부른다면 공자, 맹자, 순자는 각각 공구자, 맹가자, 순황자로 불러야 맞습니다. 당나라의 유학자 한유(韓愈)와 구별하기 위해 한비자로 불렀다는 것도 궁색하긴 마찬가지입니다. 양보를 해야 한다면 1,000년 후배인 한유가 양보해야 이치에 맞습니다. 한비를 한자(韓子)로 부르고, 한유를 한유자로 불러야 하는 것입니다. 결국 아니다, 틀렸다(非)라는 부정적 가치판단을 강조하기 위한 것이라고 해석할 수밖에 없습니다.

법가가 재인식되고 복권이 이루어진 것은 비교적 근세의 일입니다. 그들이 '춘추·전국시대의 혼란을 종식하고 천하의 통일에 기여하였으며, 향후 2,000년 이상 지속된 중앙집권국가의 초석을 놓았다'는 것입니다.

물론 이는 역사적 사실입니다. 그러나 더욱 중요한 것은 이들이 '사람의 지배' '자의에 의한 지배'에서 처음으로 '법에 의한 지배'를 주장한 법치주의의 선구자라는 점입니다. 이는 법치주의 역사에 있어서

획기적인 사건이자 대전환의 시작이었습니다.

춘추 · 전국시대는 종래의 봉건적 종법질서가 중앙집권적이고 보편적인 법질서로 교체되는 질서의 재편기였고, 이러한 상황에서 법가는 기성 질서의 수호자가 아니라 새로운 질서를 추동하는 매우 진보적이고 이례적인 역할을 담당하였습니다. '형불상대부(刑不上大夫)의 원칙'을 폐지하고 법(형벌)의 평등한 적용을 주장하였고, 봉건영주의 토지독점을 해체하고 자영농 시대를 열었으며, 생산력의 발전, 생산관계의 변화를 촉진하였습니다. 법의 보수적 성격을 감안하면 이는 법철학적으로 매우 의미 있는 현상이요, 연구 주제라 할 수 있습니다.

외유내법의 길

현실의 국가와 인민을 순전히 사상과 도덕만으로 이끌고 통치한다는 것은 이상에 불과합니다. 인민은 천사가 아니고 통치자도 성인(聖人)이 아닙니다. 사람이 '빵'으로만 살 수 없는 것처럼 '말씀'만으로 살 수도 없습니다.

유가는 군주와 관리, 백성을 윗물과 아랫물, 본체와 그림자, 목소리와 메아리의 관계로 인식합니다. 바람이 불면 풀이 눕듯 군주가 선(善)하면, 관리가 선하게 되고, 관리가 선하면 백성이 선하게 된다고 봅니다. 말하자면 '모범의 힘' '선한 영향력' '한 사람으로서의 다수'를 강조한 것인데 완전히 틀린 말은 아니지만 그러나 매우 순진한 생각입니다.

우선 현실의 군주가 늘 선하다는 보장이 없습니다. 성군(상급 군주)도 더러 있겠지만 폭군(하급 군주)도 다수 존재하며 대부분은 평범한 군주(중급 군주)들입니다.

　요행히 성군이 존재한다 해도 관리와 백성이 자연히 바르게 되는 것도 아닙니다. 한 부모 밑에서 나고 자란 자식도 모두 제 각각이고, 햇볕은 고루 비춰도 꽃가지는 저마다 길이가 다른 법입니다. 성군(요·순) 밑에도 간신(곤·환두)이 있고 폭군(걸·주) 밑에도 충신(비간·용봉)이 존재합니다. 유가의 말처럼 태어날 때부터 아는 자(生知者)가 있는 반면, 배워서 아는 자(學知者)가 있고, 곤란을 겪고서야 깨닫는 자(困知者)가 있으며, 고초를 겪고도 깨닫지 못하는 자도 있습니다(困不知者).

　실제의 통치자와 인민은 많은 결함과 한계를 노정한 존재이고, 갈등과 분쟁은 불가피하며, 때문에 법과 제도의 확립이 필수적입니다. 더욱이 국가조직이 발전하고, 통치의 규모가 확대되면 일정한 기준과 원칙에 의한 통치가 불가결합니다. 법가의 등장 이후 중국사회는 겉으로는 인치(仁治), 예치(禮治)를 표방하더라도 속으로는 법치가 지배하는 외유내법(外儒內法), 양유음법(陽儒陰法)의 길을 가지 않을 수 없었습니다.

법치의 역사

은나라는 하나라의 예를 이어받았으니, 그 빼고 보탠 것을 알 수 있고, 주나라는 은나라의 예를 이어받았으니, 그 빼고 보탠 것을 알 수 있다. 혹시라도 주나라를 계승하는 자가 있다면 비록 백대 뒤라 할지라도 알 수 있을 것이다.

《논어》<위정>

역사의 해석

역사에 대해 불가지론이나 허무주의를 이야기하는 사람도 있습니다. 인류의 역사는 '우연의 연속'이거나 '신의 섭리' 또는 '순환 내지 반복'이어서 아무런 법칙성이 없고, 있어도 발견할 수 없으며, 발견해도 의미가 없다는 것입니다. 그들에 따르면 과거를 탐구하고 그로부터 교훈을 얻고자 하는 인간의 모든 노력은 부질없는 일이며, '역사학'은 그저 '박물관학'일 뿐입니다.

반면 역사가 법칙성을 가지고 일정한 방향으로 진보한다고 보는 사람도 있는데 이를테면 헤겔 같은 사람은 '인간의 역사는 절대정신이 그 본질을 점차 드러내는 과정이며, 절대정신의 본질은 자유'라고 보았습니다. 토크빌은 '평등의 점진적이고 진보적인 발전은 역사의 과거와 미래'라고 하였고, 톨스토이는 '인류의 역사는 인류의 합일을 향한 끊임없는 전진의 역사'라고 하였습니다.

거창한 이론이 아니더라도 인류의 과거와 현재를 관조해보면 역사가 일정한 방향으로 전진해왔다는 것을 얼마든지 확인할 수 있습니다. 인류가 식량, 위생, 기대수명, 빈곤, 폭력, 환경, 문자 해독률, 자유, 평등의 모든 주제에서 크게 진보해왔다는 사실을 구체적 사례와 통계를 들어 증명한 사람(요한 노르베리, 한스 로슬링)도 있습니다.

설령 인류의 진보를 위한 노력이 시지프스의 바위 굴리기와 같아서 정상에 이르기 직전에 도로 굴러 떨어진다 하더라도 오늘보다 나은 내일에 대한 희망, 후손들에게 보다 좋은 세상을 물려주려는 노력이 없다면 인생에 아무런 재미와 보람도 없을 것입니다.

그러나 역사의 진보는 일시적, 미시적으로 관찰되는 것이 아니라 통시(通時)적, 거시적으로 파악되는 것입니다. 하루아침에 지상천국을 건설하려는 성급한 사람들도 없지 않지만 역사는 단기간에 진보하지 않으며 오랜 시간에 걸쳐 점진적으로 그리고 전진과 후퇴, 왜곡과 굴절을 반복하며 나선형적으로 발전합니다. 목표를 향해 직선으로 날아가는 화살이 아니라 장애물을 만나면 돌아가고 웅덩이를 만나면 머물지만 끝내 바다에 이르는 물의 흐름과 같습니다.

역사 인식에 있어 장기적 관점, 낙관주의가 필요한 것도 그 때문입니다. 역사가 단지 직진하는 것이고 그 변화가 손에 잡힌다면 낙관주의를 말할 필요가 없습니다. 진보라는 것이 더디고 고통스럽고 때로는 퇴보를 동반하기 때문에 '의지의 낙관'이 필요한 것입니다.

제자 자장(子張)이 '십대(十代) 뒤의 일을 알 수 있을까요?'라고 묻자 공자는 '백대 뒤라 하더라도 알 수 있다'고 답합니다. 일견 공자의 뛰어난 예지력을 말하는 것 같지만 더 중요한 것은 그 이유이고 그 속에 드러난 공자의 역사관입니다. 그는 '이어받고(因), 빼고(損), 더하는 것(益)' 즉 '계승과 혁신'을 통해서 역사가 전진한다고 보았습니다. 그가 '온고이지신(溫故而知新)'을 유독 강조한 것도 같은 맥락입니다. 역사에 느닷없는 비약이나 영원한 퇴보는 없으며 미시적으로는 혁명이나 반혁명의 거친 소용돌이도 거시적 맥락에서 보면 끊임없는 개혁의 한 과정이 됩니다.

법치의 역사

법의 지배, 법치주의의 실현이라는 관점에서 인류역사를 조망해볼 수도 있습니다. 그러한 견지에서 보면 인류역사는 자연 상태(state of nature)에서 사람의 지배(rule of man)와 법에 의한 지배(rule by law)를 거쳐 법의 지배(rule of law)로 진행하였다고 할 수 있습니다.

　　자연 상태란 사회 상태 또는 국가 상태에 대립되는 말로 아직 국가와 법이 성립되기 이전의 상태를 말합니다. 인류가 소규모 무리 집단을 이루고 서로 고립적으로 생존하던 시기입니다. 중국 역사를 예로 들면 원시인류(유소씨, 수인씨, 포희씨, 여과씨, 신농씨)로부터 태호, 염제, 치우, 황제를 거쳐 요·순까지의 시기가 대체로 이 시기에 해당합니다. 돌, 불, 활, 토기를 사용하였고, 수렵과 채집생활을 하였으며 농경과 목축이 시작되었습니다. 구석기 시대에서 신석기 시대에 이르는 매우 긴 기간 동안 인류는 이러한 자연 상태에 머물렀습니다. 구석기, 신석기 시대는 고고학적 편향(고고학적 증거로 썩거나 불타 없어지지 않는 석기가 주로 발견되고 거론되는 현상) 때문에 붙여진 이름이고, 도구의 대부분은 나무로 만들어졌기 때문에 목기시대로 불러야 한다고 주장하기도 합니다(유발 하라리). 물론 자연 상태라 하여 모두 균질한 것은 아니고, 초기의 인류가 순수한 자연 상태에 머물렀다면 후기로 갈수록 법 상태, 사회상태에 근접한 모습을 띠게 됩니다. 집단생활 속에서 일정한 관습이 생성되고 점차 관습법의 형태로 발전한 시기입니다.

　　자연 상태에 이어 지배·복종의 시대가 열리고, 사람의 지배가 시작됩니다. 사람의 지배란 자의에 의한 지배, 개인에 의한 지배의 다른 표현입니다. 일정한 기준(법)에 따른 통치가 아니라 지배자 개인의 자의에 의한 통치가 이루어지던 시대입니다. 청동제 농기구와 무기의 발명은 농업생산성을 비약적으로 높였고 정복전쟁을 가능하게 하였습니다. 그에 따라 권력과 부를 수중에 장악한 권력자가 등장하고 계급이 분화하였으며, 국가가 수립되고, 형벌이 시행되었습니다. 중국 고대 하, 상(은), 주 3왕조 시대가 대체로 이때에 해당하며, 여전히 관습법이 주를 이룬 가운데 통치자들에 의해 개개의 단행 명령이 시행되었습니다.

법에 의한 지배는 이러한 사람의 지배를 대체하고 극복하는 과정에서 등장합니다. 이제 사람이 아니라 법이 통치와 지배의 기준이 되기 시작한 것입니다. 중국에서 춘추·전국시대가 개막하고, 철기시대가 도래한 것과 때를 같이합니다. 비로소 성문의 형법이 제정되고, 체계적인 법전이 등장하였습니다. 법가들이 활동한 시대는 이처럼 사람의 지배가 법에 의한 지배로 바뀌는 거대한 역사적 전환기였습니다. 어쩌면 법가들이 그러한 전환기를 추동하고 열어젖혔다고 평가할 수도 있습니다. 우리가 법가를 법치주의의 선구자라 부르는 이유도 이 때문입니다.

새로운 시대가 시작되었다고 해서 구시대의 잔재가 저절로 소멸하는 것은 아닙니다. 법치의 시대에도 인치(人治)의 구습은 끈질기게 잔존합니다. 법을 만들고 적용하고 해석하는 것이 결국 사람임을 생각하면 법치에 있어 인치의 요소를 완전히 배제하는 것은 요원하거나 불가능한 목표일지도 모릅니다.

오늘의 역사적 과제는 법에 의한 지배를 넘어 온전한 법의 지배를 실현하는 것입니다. 법에 의한 지배와 법의 지배는 두 가지 뚜렷한 차이가 있습니다. 법에 의한 지배는 말 그대로 통치자가 법이라는 수단을 통해서 하는 지배입니다. 법이라는 수단을 통한 지배이기만 하면 그 법의 내용을 묻지 않았고, 통치자는 그 법의 적용대상에서 제외되었습니다. 반면 법의 지배는 통치자를 포함한 모든 인간이 법

아래에서 평등하게 구속을 받는 지배입니다. 지배자 자신을 포함하여 일체의 예외를 인정하지 않는 지배이며, 끊임없이 법의 정당성을 묻는 지배입니다. 따라서 법의 지배는 정당한 법의 전면적 지배입니다.

법은 소멸하는가

법의 지배를 넘어 인류가 다시 오래된 미래, 앞서 말한 자연 상태와 무지배의 시대로 돌아갈 수 있을까요? 마르크스의 주장처럼 국가가 소멸하고 법이 말라 비틀어죽는 시대가 도래할 수 있을까요? 법(국가)을 '지배계급의 도구'라고 보는 마르크스의 입장에서는 계급이 철폐되면 그 지배수단인 법과 국가가 소멸하는 것이 논리적으로 당연한 귀결입니다.

그러나 실제의 역사는 마르크스의 예상과는 다르게 진행되었습니다. 마르크스는 '자본의 집중'과 '노동자계급의 궁핍화'를 프롤레타리아 혁명의 필연성을 설명하는 도구로 사용하였습니다. 그러나 자본주의가 발달함에 따라 노동자 계급은 궁핍화된 것이 아니라 오히려 임금은 상승하고 근로조건과 사회·경제적 처지는 개선되었습니다. 노동자계급의 분화현상(육체·지식, 대기업·중소기업, 정규·비정규직, 내·외국인, 고용·실업 노동자)도 심화되어 그들 간의 통일은 혁명보다 더 어려운 문제가 되었습니다. 과거에는 착취에 반대하던 사람들이 이제는 착취당할 기회(고용)를 달라고 투쟁하는 시대가 되었습니다.

무엇보다 그는 계급갈등에 주목한 나머지 계급에 선행하는 인간의 본질을 망각하였습니다. '인간의 욕망과 다툼을 제어하고 조정하는 초자아(超自我)'로서의 국가의 근원적인 본질을 간과한 것입니다.

탈계급사회가 도래해도 인간은 여전히 욕망하고 경쟁하고 갈등할 것입니다. 질시와 음모, 우열과 분쟁이 전혀 없는 절대평화를 염원하지만 그러한 사회는 한편으로 지극히 무료하고 정체된 생기 없는 사회가 될 것입니다.

공동체 구성원이 모두 성인군자가 되거나 원시의 가족(친족)공동체 사회로 회귀하지 않는 한 법의 소멸은 상상하기 어렵습니다.

무지배의 시대

신농(神農)시대에는 남자들은 농사를 지어서 먹었고, 부녀들은 길쌈을 하여 의복을
해 입었다. 형정(刑政)을 시행하지 않아도 잘 다스려지고 갑병(甲兵)을 일으키지 않아
도 잘 다스려졌다.

《상군서》 <화책>

대동사회

자연 상태는 법과 국가가 성립하기 이전의 인간의 실존 상태를 말합니다. 최초 인류로부터 시작해서 인간이 씨족집단이나 그 연맹체를 형성하고 살던 시기까지를 자연 상태라 할 수 있습니다. 이 원시 공동체가 역사적 실재임은 분명하지만 그 실상이 명확히 밝혀진 것은 아닙니다. 대체로 집단의 규모가 커짐에 따라 모계중심에서 부계중심으로, 족내혼에서 족외혼으로, 무리사회에서 씨족연맹체로 변모하였고, 공동노동, 공동분배하며 원시 민주주의를 향유하였다고 보고 있습니다. 지배·복종이 없는 무지배의 시대라고 할 수 있습니다.

사상가들이 바라본 자연 상태는 대부분 국가상태와 대비해서 철학적, 규범적으로 파악한 것입니다. 법과 국가의 존재이유를 설명하기 위해서 단순화되고 의제된 상태라는 것입니다. 주된 논점은 자연 상태가 전쟁 상태인가 평화 상태인가 하는 것이었고, 이는 본질적으로 인간 본성론과도 연관됩니다. 홉스는 '만인의 만인에 대한 전쟁상태'라고 보았고, 로크는 '불완전한 평화 상태'로 인식하였으며, 루소는 '고립·자족의 평화상태'라고 생각하였습니다.

그러나 인간은 선·악의 측면이 공존하는 존재이고, 협력과 경쟁(투쟁)은 인류의 오랜 생존방식입니다. 완전한 평화나 완전한 전쟁 상태는 하나의 가설에 불과하며, 진실은 전쟁과 평화의 공존 내지 교차 또는 양자의 중간 어느 지점에 있을 것입니다. 공동체 내부에서는 비교적 평화가 유지되었을 것이고, 외부의 적과는 소통의 부재, 불신과 공포로 인한 충돌이 불가피했을 것입니다.

그렇다면 중국의 제자백가들은 자연 상태를 어떻게 인식하고 있었을까요? 유가의 시조라 할 공자는 다음과 같이 노래합니다.

> 대도가 행해지는 세상은 천하가 모두 만인의 것이다. 현능한 사람을 뽑아 관직을 맡기고 신뢰와 화목을 다진다. 사람들은 자기의 부모만을 부모로 여기지 않고, 자기 자식만을 자식으로 여기지 않는다. 노인들은 편안히 여생을 보내고, 장정에게는 일자리가 있고, 어린이는 잘 성장시킨다. 홀아비·과부·고아·자식 없는 부모, 폐인, 질병에 걸린 사람은 모두 보호와 양육을 받는다. 남자는 자기 직분이 있고, 여자는 자기 가정이 있다. 재화가 헛되이 버려지는 것을 싫어하였지만 반드시 자기만 사사로이 독점하지 않으며, 힘은 자기의 몸에서 나오지 않은 것을 싫어하지만 반드시 자기만을 위해서 쓰지 않는다. 음모나 도둑이나 전쟁 따위가 일어날 염려가 없으므로 아무도 문을 잠그는 일이 없다. 이것을 대동의 세상이라고 말하는 것이다.
>
> 《예기》 <예운>

공자(유가)가 자연 상태를 평화 상태, 천하위공(天下爲公)의 공산주의 사회로 인식하고 있었음을 알 수 있습니다. 인간의 본성에 대해 성선설적 입장을 취하고 있는 유가로서는 자연스런 귀결이라 할 수 있습니다.

공자는 대동 사회를 단지 지나간 과거의 역사가 아니라, 미래에 재현해야 할 이상적인 사회로 보았으며, 학식과 덕망을 갖춘 군자(君子)에 의한 정치, 덕치와 예치를 통해 이를 실현하고자 하였습니다. 말 그대로 '오래된 미래'로 상상한 것입니다.

소국과민(小國寡民)

모든 인위적인 제도와 노력을 배격하고 본래의 자연으로 돌아가자는 도가의 입장에서는 자연 상태는 당연히 평화롭고 이상적인 상태여야 합니다. '나라는 작고 백성은 적은 小國寡民' 사회이고, 고립·자족한 평화 상태입니다. 노자《도덕경》<80장>은 다음과 같이 묘사하고 있습니다.

> 국토는 작고 백성들은 매우 적다. 열배 백배의 도구가 있어도 사용치 않으며 백성들이 죽음을 중시하여 먼 곳으로 옮겨가지 않는다. 배와 수레가 있어도 타지 않고, 갑옷과 무기가 있어도 진열하지 않는다. 백성들은 다시 노끈을 맺어 기록을 한다. 음식은 달고, 옷은 아름다우며, 거처는 편안하고 풍속은 즐겁다. 이웃나라는 서로 바라볼 수 있고 닭 울고 개 짖는 소리를 서로 들을 수 있으며, 백성들은 태어나서 죽을 때까지 서로 왕래하지 않는다.

역시 같은 도가 계열인 열자(列子)나 회남자(淮南子)도 자연 상태를 평화상태로 인식하고 있습니다.

> 그 나라는 우두머리가 없고 저절로 돌아갈 뿐이었다. 그 백성들은 기호·욕망이 없고 하루하루 살아갈 뿐이었다. 삶을 즐길 줄도 모르고 죽음을 싫어할 줄도 몰라서 일찍 죽는 사람이 없었다. 자기를 사랑할 줄도 모르고 남을 멀리할 줄도 몰라서 사랑도 미움도 없었다. 반역할 줄도 모르고 순종할 줄도 몰라서 이롭고 해로운 게 없었다.
>
> 《열자》<황제>

옛날에는 백성들이 어린아이처럼 순진해서 동서의 방향도 알지 못했다. 외모는 마음에 따라 드러나니 꾸미지 않았고, 말은 행동보다 지나치지 않았으며, 옷은 따뜻함을 다하되 화려하지 않았다. 병기는 둔탁하여 날이 없었으며, 노래는 즐겁지만 변화가 없었고, 곡소리는 슬프지만 소리를 내지 않았다.

《회남자》<제속훈>

인간 본성에 대해 성악설을 취하는 법가의 경우에는 자연 상태를 '전쟁 상태'로 인식하였을 것 같지만, 상앙이나 한비 같은 사람도 의외로 자연 상태를 '평화 상태'로 인식하였습니다.

옛날에는 남자들이 경작을 하지 않아도 초목의 과실이 충분하게 먹을 만큼 있었으며, 부인이 직조를 하지 않아도 금수의 가죽이 충분히 입을 만큼 있었다. 힘들여 일하지 않아도 충분히 양육할 수 있을 만큼 인민은 적고 재물에는 여유가 있었기 때문에 백성들이 다투지 않았다. 두터운 상을 내리지 않고 중벌(重罰)을 사용하지 않아도 백성들은 자치를 행했다.

《한비자》 <오두>

'인민은 적고 재물은 여유가 있어서 평화가 유지되었다'는 것입니다. 유발 하라리 같은 사람은 수렵·채집의 시대를 '인류 최초의 풍요사회'로 묘사하기도 합니다. 그러나 원시적인 도구(석기)와 조악한 노동력, 수렵과 채집 위주의 생활방식에서 풍요가 가능한 것인지는 의문입니다. 한비가 상상한 대로 '금수와 과실이 지천'이라 하더라도 그것을 잡고 따는 것은 결국 인간(노동력)이고, 도구이기 때문입니다.

또 인간이 본래 이기적이고 시기하는 마음이 있다면 자연 상태가 과연 평화로울 수 있는지, 사회적, 물질적 조건에 따라 이렇게 저렇게 변하는 것이라면 그것을 인간의 본성이라고 할 수 있는지 논리적으로 설명되지 않는 문제도 있습니다.

포악한 사회

그에 반하여 자연 상태를 전쟁 상태로 인식한 사람도 있는데 대표적으로 성악설의 주장자인 순자가 그러합니다. 이는 그의 인간 본성론에 따른 당연한 결말입니다.

> 사람의 본성은 악한데 그 선한 모습은 인위적으로 그렇게 만든 것이다. 이제 사람의 본성을 살펴보면 태어날 때부터 이익을 좋아하는 성질이 있다. 이 성질을 따르기 때문에 쟁탈이 발생하고 사양하는 마음이 없는 것이다. 또한 사람의 본성에는 태어날 때부터 다른 사람을 미워하는 마음이 있다. 이 성질을 따르기 때문에 다른 사람을 해치는 일이 발생하고 충성과 믿음이 없는 것이다. 또 태어날 때부터 육체적인 욕망을 가지고 있어서 아름다운 소리와 아름다운 색을 좋아한다. 이 성질을 따르기 때문에 음란한 마음이 생기고 예의와 규칙이 없어지고 마는 것이다. 그러므로 사람이 타고 난 본성을 따르고 사람의 감정에 순응하면 반드시 쟁탈이 일어나고 신분질서를 해치고 이치를 어지럽혀서 포악한 사회로 돌아갈 것이다. 그렇기 때문에 반드시 스승과 법도에 의한 교화, 예의에 의한 인도가 있어야 한다.
>
> 《순자》<성악>

사람은 태어날 때부터 이익을 좋아하는 성질, 남을 미워하는 마음, 육체적 욕망(食·色)을 가지고 있으며, 사람의 본성은 이처럼 악하므로, 본성과 감정이 지배하는 자연 상태에서는 필연적으로 다툼이 발생하고 세상이 혼란에 빠진다는 것입니다.

여기서 눈여겨 볼 것은 순자가 이러한 자연 상태의 극복수단으로 단지 법(도)만을 말하고 있지 않다는 점입니다. 그는 스승과 법도와 예의의 필요성, 말하자면 교육과 법과 문화의 필요성을 공히 역설하고 있습니다. 순자와 법가의 차이점이 여기에 있고, 순자가 유가와 법가의 가교 또는 통섭인 이유가 여기에 있습니다.

제자백가의 하나인 묵가도 순자와 마찬가지로 성악설에 기초해 자연 상태를 혼란과 전쟁상태로 봅니다.

옛날에 사람들이 처음으로 생겨나 아직 지도자가 없을 때 사람들은 저마다 의로움을 달리했다. 한 사람이 있으면 한 가지 의로움이 있고, 두 사람이 있으면 두 가지 의로움이 있었으며 열 사람이 있으면 열 가지 의로움이 있었다. … 이로 인해 사람들은 자기의 뜻은 옳다고 하면서 남의 뜻은 비난했으니 그래서 사람들은 서로를 비난하게 되었다. 그리하여 가정 안에서는 부자나 형제들이 서로 원망하고 미워하며 헤어지게 되고 서로 화합하지 못했다. 천하의 백성들은 모두 물과 불과 독약으로써 서로를 해쳤다. … 이때 천하의 혼란은 마치 새와 짐승들이 뒤섞인 것과 같았다.

《묵자》<상동>

요컨대 자연 상태가 전쟁 상태인 것은 '지도자(正長)가 없어서 천하의 뜻(義)이 통일되지 않았기' 때문이며, 따라서 '현자(賢者)를 선택하여 천자(天子)로 세우고 아래로 각급 정장(지도자)을 두며, 법(法)으로 천하의 의를 통일해야 한다'는 것입니다.

평화의 조건들

사실 자연 상태의 본질이 전쟁이냐, 평화냐 하는 것보다 더 중요한 문제는 평화의 조건을 탐구하는 것입니다. 어떤 역사적, 사회·정치적 조건이 형성되었을 때 평화가 정착되고 강화되는가를 면밀히 검토하는 것입니다. 자연 상태의 본질이 어떠하든 그 실천적 결론은 결국 평화의 실현이기 때문입니다.

역사적으로는 '농업혁명'이 평화의 중요한 분수령이었습니다. 농업혁명으로 인류가 식량을 재배하고 가축을 기르게 되면서 정착생활이 본격화되었고, 비로소 수렵과 채집, 잦은 이주, 침략과 약탈에 의존하던 종전의 생존방식에서 탈피할 수 있었습니다.

'국가의 수립'도 평화에 결정적으로 기여하였습니다. 주지하듯이 '국가는 폭력의 독점체'이며, 이처럼 폭력이 국가에 귀속됨에 따라 사적 폭력이 금지되고 대폭 감소하였습니다.

'상인과 시장의 발달'은 그간 국외자이거나 적대자에 불과했던 사람들을 소비자와 생산자, 구매자와 판매자라는 의존적 거래 관계로 변모시켜 평화에 기여하였습니다. 산골 오지에 생선 광주리를 이고 찾아간 것도, 전쟁 통에 솥을 걸고 국밥이나 파전을 판 것도 모두 상인이고 상인의 미덕입니다.

'민주주의의 발전'도 평화의 중요 조건입니다. 민주주의가 진전

됨에 따라 국민의 의사에 반하는 전쟁이나 국민을 향한 무분별한 폭력사용은 점차 불가능해졌습니다. 유권자의 지지에 의존하는 통치 집단은 국민의 눈치를 보지 않을 수 없고, 평화나 삶의 질 문제에 무관심할 수 없습니다. 민주주의는 소란하고 때로 비효율적인 체제이지만 기본적 삶의 조건인 평화와 민생의 확보에 있어서는 매우 효과적인 체제이기도 합니다. 아마르티아 센은 '민주주의 국가에 기아는 없다'고 단언합니다.

'자유주의적 평화'와 '민주주의적 평화' 중에 무엇이 더 실효적인가 하는 논의도 있습니다. '자유무역, 교역의 발달로 인한 세계의 상호의존성이 평화를 증진시킨다'는 것이 자유주의적 평화론이고, '민주주의가 평화를 담보한다'는 것이 민주주의적 평화론입니다. 논리적으로만 보면 자유주의적 평화가 더 효율적으로 보입니다. 자유주의적 평화는 체제의 성격에 관계없이 무역과 상거래만 이루어지면 가능하지만 민주주의적 평화는 적어도 하나의 국가 또는 양국 모두가 민주주의체제일 때 정상적으로 작동하기 때문입니다.

자연 상태의 유산들

法家

해가 뜨면 나가서 농사짓고

해가 지면 들어와 쉬네

우물 파서 물마시니

임금의 권력이 내게 무슨 소용인가

<격양가>

요순의 실체

중국역사에서 언제까지를 자연 상태로 볼 것인지, 언제부터 법 상태·사회 상태로 진입하였는지 단언하기는 어렵습니다. 역사란 연속성을 갖는 것이어서 하루아침에 자연 상태에서 법 상태로 비약하는 것도 아닙니다. 다만 여러 문헌의 기록과 유물, 역사서 등을 종합하면 대체로 요·순 시대까지 이러한 자연 상태가 유지되었다고 할 수 있습니다.

물론 이러한 시대구분은 일반의 통념이나 '요임금' '순임금' 하는 용어의 의미에 반하는 면이 있습니다. '왕(王)'이란 본래 '도끼를 쥔 자'의 형상이고, '하늘을 대신해 땅과 사람을 지배하는 자'이기 때문입니다.

요·순에 대한 역사의 기록은 모순적입니다. 사람을 귀양 보내고 죽이고 가두는 권력자, 왕(王)의 모습인가 하면 문지기, 농민, 어부, 도공의 모습을 하고 있습니다.

공공을 유주에 귀양 보내고 환두를 숭산으로 추방하고 삼묘를 삼위에 몰아내고 곤을 우산에 가두어 네 가지 경우의 죄를 주시니 천하가 다 복종하였다.

《상서》<순전>

요가 천하를 보유했을 때 당의 높이는 석자, 서까래는 다듬지 않은 원목 그대로였고, 지붕은 띠로 입혔으며, 그 끝을 가지런하게 끊지 않아서, 여인숙일지라도 이보다 검소할 수 없었다. 겨울에는 사슴 가죽옷을 입고 여름에는 칡껍질을 둘렀으며, 잡곡이 섞인 밥에 명아주와 아욱국을 질그릇에 담아서 먹고, 질그릇 사발로 물을 마시니 문지기의 생활도 이보다 검소할 수는 없었다.

《사기》<이사열전>

예부터 역산이라는 곳의 농부들은 서로 다른 사람의 밭의 경계를 침범하여 자기 밭을 확장했으므로 다투는 일이 많았습니다. 그런데 순이 그곳에 가서 경작하자 1년 만에 밭고랑 싸움이 그치고, 그 누구도 다른 사람을 속여 부당한 이익을 취하겠다는 생각을 하지 않게 되었습니다. 또 황하 강변의 어부들이 그물을 치는 장소를 두고 다투는 일이 그칠 날이 없었습니다. 그런데 순이 그곳에 가서 고기를 잡자 1년 만에 다툼이 그치고 그 장소를 연장자에게 양보하는 미풍이 생겼습니다.
또 동이의 도공들은 이익만 탐하여 그들이 만든 그릇은 품질이 나쁘고 일그러졌는데, 순이 그곳에 가서 그릇을 만들자 1년 만에 견고해졌습니다.

《한비자》<난일>

순임금은 하양에서 밭을 갈았고 뇌택에서 질그릇을 구웠다. 온 몸은 잠시도 편안할 날이 없었고 입과 배는 맛있는 것으로 만족하게 채울 수가 없었다. … 천하 사람들 중에서도 고난과 고통을 가장 많이 겪은 사람이다.

《열자》<양주>

그러나 어느 것이 진실일까 고민할 필요는 없습니다. 요·순은 자연 상태에서 국가(법)상태로 넘어가는 과도기의 지도자였고, 따라서 두 가지 상반된 모습을 모두 가지고 있었습니다. 씨족연맹의 지도자로서 영농과 제사를 이끌었고 공동체의 질서유지와 전쟁수행을 위해 일정한 권력을 행사하였습니다.

그러나 아직 전형적인 국왕이나 권력자의 지위에 오르지는 못했습니다. 씨족 회의의 추대나 옹립에 의해 자리에 올랐고, 생활 처지도 다른 구성원과 별반 다르지 않았으며, 권력을 전횡하거나 상속할 수도 없었습니다.

기록에 따르면 요는 아들 단주가 아니라 순에게 양위하고, 순도 그의 아들 상균이 아니라 우에게 양위하는데, 후세의 사가들은 이를 '선양'이고 '미풍'으로 칭송하지만 사실은 늙은 씨족장이 은퇴하고 새로운 후임자가 옹립되어 교체된 것입니다.

상징 형벌

자연 상태라고 해서 아무런 규율이나 제재가 없었던 것은 아닙니다. 집단생활이 지속되고 규모가 커지면서 질서유지를 위한 일정한 관습이 생성되고 발전하였습니다. 자연물이나 하늘신(天神), 조상에 대한 제사와 숭배의식이 생겨났고, 이를 위반하거나 동족을 해치는 행위는 일정한 제재를 받게 되었습니다. 또 이러한 관습이 오랜 기간 반복되고 법적 확신을 얻어 점차 관습법으로 정착하게 되었습니다. 말하자면 순전한 자연 상태에서 관습과 관습법이 생성되고 발전하는 시대로 변화한 것입니다.

그러나 구성원들이 모두 같은 씨족의 일원이거나 족외혼 등으로 결합된 씨족연맹체의 일원이었기 때문에 형벌은 가혹하지 않았고, 주로 도덕적 징계의 성격을 띠었습니다. 형벌은 본래 계급제도의 출발, 정복전쟁, 노예제도, 고대국가의 성립과 밀접한 관련이 있습니다.

이를 단적으로 보여주는 것이 이른바 상징형벌에 관한 이야기입니다. 상징형벌에 대한 언급은《순자》<정론> 편에 나옵니다.

> 세속의 논자들 중에는 "잘 다스려지던 옛날에는 체형은 없었고 상징적인 형벌만이 있었다. 검은 수건을 머리에 감게 하고, 새끼줄로 갓끈을 삼게 하고, 청백색의 앞가리개를 하게하고, 풀이나 수삼으로 신을 삼아 신게 하고, 가장자리를 시치지 않은 붉은 천의 옷을 늘여 뜨려 입게 하는 것 등인데, 잘 다스려지던 옛날에는 그렇게 하였을 따름이었다"고 주장하는 자가 있다. 그것은 그렇지 않다. 세상이 잘 다스려졌다고 한다면 사람들은 진실로 죄를 짓지 않았을 것이고 그로 인해 육형(肉刑)을 사용하지 않을 뿐 아니라 상형(象刑)조차 쓰지 않았을 것이다.

상징형벌이란 말 그대로 형벌이 상징화된 것, 구성원들이 잘못을 범하면 직접 육체에 벌을 가하는 대신 일정한 표식을 하게 하여 이를 징계하는 것을 말합니다. 실제의 형벌 대신에 일정한 표식을 통해 수치심이나 모욕감을 주고, 집단에서 소외시키는 방법으로 징계하고 교화하는 것입니다.

물론 육형, 체형이 멀리 황제시대 때부터 시작되었다거나 요·순 당시에 이미 육형·체형이 있었다는 이설(異說)도 전해지고 있습니다. 아무튼 이러한 상징형벌에 관한 이야기는 자연 상태에서 형벌이 거의 가해지지 않았거나 가벼운 수준이었음을 보여주는 상징적인 예라 할 수 있습니다.

본래 형벌의 형(刑)자는 우물 정(井)자 혹은 우물 정(井) 자 안에 점(·) 하나를 찍은 것에서 유래되었고, 이는 우물 속에 갇혀 있는 범죄자를 의미하는 것이었습니다. 사물의 형상을 본떠서 만든 상형문자의 특성을 고려하면 형벌은 최초에 우물이나 웅덩이 같은 곳에 일탈자를 가두고 징계한 것에서 시작되었으리라 추론할 수 있습니다.

《상서》의 세계

요·순부터 하, 상, (서)주 3대까지의 중요한 정치적 사적(인물과 사건)을 기록한 책이 《상서》 곧 《서경》입니다. 위 《상서》에는 법(형벌)에 관한 다수의 언급들도 포함되어 있는데, 이를테면 <순전>의 다음과 같은 대목도 그 중 하나입니다.

기본적인 형벌을 만드시되 귀양 보내는 것으로 오형을 용서해주시며, 채찍으로 관청의 형벌을 삼고, 회초리로 학교의 형벌을 삼으시며, 돈으로 속죄하는 법을 만드시며, 과오와 본의 아니게 지은 죄는 놓아주시고 믿는 구석이 있어 저지른 죄나 끝까지 계속하는 죄는 더 무겁게 벌하시되, 조심하고 조심하여 오직 형벌을 신중히 하셨다.

그러나 분명히 할 것은 이러한 상서의 묘사가 모두 진실은 아니라는 것입니다. 앞서 본 것처럼 오형은 하나라 때 제정되어 서주시대에 제도화된 것이며, 속죄형 제도는 화폐의 사용을 전제로 하는데 요·순 당시에 화폐가 사용되었다는 아무런 단서도 없습니다. 당시는 소규모 물물교환 형태의 거래가 있었을 것으로 추정되며 최초의 화폐는 국가가 수립된 하·상 시대 이후에 등장하였습니다.

《상서》의 편찬자로 알려진 공자나 그를 신봉하는 유가는 기본적으로 선왕(先王)주의자들입니다. 좋은 것은 과거에 다 있었고, 과거를 따라하면 태평성세를 이룰 수 있다고 생각한 사람들입니다. 따라서 《상서》에 묘사된 세계는 역사적 사실이라기보다 후대의 유가(공자)가 요·순·우·탕·문·무왕의 치세를 미화하기 위해 윤색하고, 춘추 당시의 혼란에 대한 반면교사로 의도적으로 재구성한 것이라고 보는 것이 진실에 가깝습니다.

그 밖에도 《상서》에는 오늘날 형사법의 대원칙들로 기능하고 있는 목적형 사상이나 연좌제 금지, 고의범 주의, 무죄추정의 원칙, 재판의 독립, 당사자 주의에 비견되는 내용이 언급되어 있는데, 이 또한 액면 그대로 읽을 것이 아니라 하나의 이상이자 소망으로 새겨야 할 것입니다.

형벌 주는 일에서는 형벌이 없는 것에 목적을 두어 백성들이 중용의 도에 합당하게 되었으니, 이는 너의 공이다.

벌 주는 일은 자녀에게 파급시키지 않고, 상 주는 일은 자손 대대로 이어지게 하시며, 과오로 지은 죄는 용서하되 큰 것도 빼놓지 말고, 고의로 지은 죄는 처벌하되 작은 것도 빼놓지 말며, 죄가 어디에 해당하는지 불확실한 것은 가볍게 처벌하시고, 공의 정도가 확실하지 않은 것은 무거운 쪽으로 상을 주시며, 무고한 사람을 죽이기보다는 차라리 원칙대로 하지 않는 실수를 택하시어, 살려주시기를 좋아하는 덕이 백성들의 마음에 두루 퍼졌습니다.

(주)문왕은 서언(庶言, 언론관)과 서옥(庶獄, 사법관)과 서신(庶慎, 제사·질병관)에 대해서는 겸직시키지 않으시고 … 서옥과 서신은 문왕이 감히 그에 대해 알려 하지 않으셨습니다.

오형 중에서 의심스러운 것은 사면해야 하고, 오벌 중에서 의심스러운 것은 사면해야 하니 자세히 살펴서 잘 처리하라.

한쪽의 진술에 대해 분명하고 맑게 살피기만 하더라도 백성을 다스리는데 정확하지 않음이 없을 것이지만 옥사(獄事)에는 양쪽의 말을 들어야 사적인 판단에 빠지지 않을 것이니 옥사에서 양쪽의 말을 듣는 것에 전념하도록 하라.

인간의 본성에 대하여

비록 성인이라 할지라도 세리지심(勢利之心, 권세와 이익을 바라는 마음)이 없을 수

없고, 도척이라 할지라도 인의지심(仁義之心)이 없을 수 없다. … 다만 그 많고 적음을

가지고 논할 뿐이다.

《명등도고록》<제10장>

성선설과 성악설

성악설을 취하는 법가는 '호리오해(好利惡害)'를 인간의 본성으로 봅니다. '이익을 좋아하고 해로움을 싫어한다'는 뜻입니다. 《순자》 <영욕>편에 있는 '배고프면 먹고 싶고, 추우면 입고 싶고, 힘이 들면 쉬고 싶고, 이로움을 좋아하고 해로움을 싫어하는 것은 사람이 태어나면서부터 가지고 있는 것'이라는 말에서 따온 것입니다. 묵가도 마찬가지 입장을 취하고 있습니다.

반면 성선설의 유가는 '불인인지심(不忍人之心)'을 말합니다. 불인인지심이란 '참지 못하고 차마 모른 척할 수 없는 마음'입니다. 《맹자》 <공손추> 편에 나옵니다.

사람에게 불인인하는 마음이 있다고 하는 것은 이제 문득 한 어린이가 우물 속으로 빠지려는 것을 발견하였을 때 누구나 다 놀라고 두려운 마음이 들어 저도 모르게 급히 달려가서 어린이를 붙들어 올리기 때문이다. 이것은 어린이의 부모와 교제를 맺기 위해서 그러는 것도 아니며, 마을 사람들이나 친구들로부터 칭찬을 듣기 위해 그러는 것도 아니고, 구하지 않고 그대로 내버려 두었다고 원망하는 소리를 듣기 싫어서 그러는 것도 아니다. 이렇게 본다면 측은한 마음이 없으면 사람이 아니요, 수오의 마음이 없으면 사람이 아니요, 사양하는 마음이 없으면 사람이 아니요, 시비를 가려내는 마음이 없으면 사람이 아니다. 측은한 마음은 인의 실마리이며, 수오의 마음은 의의 실마리이고, 사양하는 마음은 예의 실마리이여, 시비를 가려내는 것은 지의 실마리이다. 사람이 이 사단을 지니고 있는 것은 마치 사람의 몸에 사지가 있는 것과 같다.

명대(明代)의 이지 같은 사람은 그 중에서도 수오지심(羞惡之心, 옳지 못한 것을 부끄러워하고 싫어하는 마음)을 특별히 강조하여 '인간이 짐승과 조금이나마 다르다면 바로 수오지심을 가지고 있는 데 있고, 그런 미미한 차이로 인간과 짐승이 구별되며, 요·순·우·탕·문·무·주공·공자는 모두 이런 미미함의 엄청난 차이를 인지하고 보존했기 때문에 군자라 일컬어졌다'고 하였습니다.

인간의 본성은 본래 선하지도 악하지도 않으며, 동쪽으로도 서쪽으로도 흐를 수 있는 물과 같다고 보는 성무선악설(性無善惡說)도 있습니다. 고자(告子)와 같은 사람이 대표자인데 그는 이렇게 말합니다.

성이란 방향을 정하지 못하고 한 자리를 빙빙 돌고 도는 물과 같은 것입니다. 그 물길을 동쪽으로 터놓으면 물은 동쪽으로 향해 흐르고 서쪽으로 터놓으면 서쪽으로 향해 흐르는 것입니다. 인간의 본성이 선한 것도 아니고 선하지 않은 것도 아닌 것은 마치 물이 동쪽과 서쪽으로 흐를 수도 있고 흐르지 않을 수도 있는 이치와 같습니다.

《맹자》〈고자 상〉

백지설(白紙說)이라고도 하지만 고자가 인간의 본성을 전적인 '무(無)'나 '백지'라고 본 것은 아닙니다. 고자는 '타고난 것이 성(生之謂性)'이고, '식욕과 성욕이 성(食色性也)'이며, '인은 안에 있지 밖에 있지 않다(仁內也 非外也)'고 하였습니다. 말하자면 인간은 백지이기 때문이 아니라 악한 본성(食色)과 선한 본성(仁)을 모두 가지고 있기 때문에 본성은 악한 것도 선한 것도 아니라는 것입니다.

본성은 변하는가

그렇다면 이러한 인간의 본성은 변하는 것일까요?

성선설을 취하는 유가는 인간의 선한 본성은 변함이 없으나, 다만 후천적인 노력 여하에 따라 더 크고 깊어지는 관계에 있다고 봅니다. 맹자는 '불인인지심' 즉 '측은지심, 수오지심, 사양지심, 시비지심'을 인간의 본성이라고 보았는데, 다만 이는 말 그대로 실마리, 단서(四端)일 뿐이기 때문에 그와 같은 가능성, 잠재력이 교육, 문화를 통해 끊임없이 확충되어야 마침내 완성형태에 이른다고 생각하였습니다. '오곡(五穀)은 종자가 좋으나 익지 않으면 피만도 못하다. 무릇 인(仁) 또한 익는 데 있을 뿐이다'라고 하였습니다.

정치와 사상, 교육과 문화의 힘이 무엇보다 중요하다고 보았으나 법률에 의한 통제를 전적으로 부정하지는 않는 입장이었고, 그 때문에 유가의 입장을 주례보형(主禮補刑), 덕주형보(德主刑補)라고 평합니다. 예(덕)가 주가 되고 형벌은 이를 보충한다는 것입니다.

성악설의 법가는 '好利惡害'하는 인간의 본성은 바뀌지 않으며, 따라서 이익을 좋아하는 본성은 상(賞)으로 유인하고, 해를 싫어하는 본성은 벌(罰)로 통제해야 한다고 봅니다. 상벌만 적절히 활용하면 충분하기 때문에 법과 제도 외에 다른 수단은 필요치 않았습니다. 법가인 상앙과 한비는 다음과 같이 말합니다.

대개 백성들은 농업에 종사하는 것을 고통스러워하고 전쟁에 나가 싸우는 것을 위험하다고 여긴다. 그런데 농사의 고통과 전쟁의 위험을 알면서도 행동하는 이유는 오직 명예와 이익을 계산하기 때문이다. … 그러므로 이익과 명예가 나오는 곳을 살피지 않을 수 없는 것이다. 이익이 토지에서 나오면 백성들은 토지 경작에 힘을 다 쏟게 되고 명예가 전쟁에서 나오면 백성들은 죽음에 이르도록 싸운다.

《상군서》 <산지>

뱀장어는 뱀을 닮았고, 누에는 뽕나무 벌레와 비슷합니다. 사람들은 뱀을 보면 놀라고 뽕나무 벌레를 보면 징그러워 털이 곤두섭니다. 그런데 어부는 뱀장어를 손으로 만지고 여자는 누에를 치는 것입니다. 말하자면 자신에게 이익 되는 일이라면 누구나 두려움을 잊고 마치 맹분이나 전제 같은 용사처럼 용감해지는 것입니다.

《한비자》 <설림 하>

서쪽 변방의 후진국이던 진(秦)나라가 농사와 전쟁에 힘을 집중하여 부국강병을 이루고 마침내 천하를 통일한 배경에는 이처럼 '명리(名利)'를 고정불변의 인간본성으로 보고 이를 활용한 법가의 정책이 자리 잡고 있었습니다.

같은 법가로 분류되지만 순자는 인간의 악한 본성은 바뀔 수 있는 것이며, 이를 위해서는 교화와 형벌이 공히 필요하다고 보았습니다. '가르치지 않고 처벌만 하거나(誅而不敎) 가르치기만 하고 처벌하지 않는 것(敎而不誅)' 모두 효과를 거둘 수 없다고 하였습니다. '가르치지 않고 처벌만 하면 형벌이 복잡해지고 악은 늘며, 가르치기만 하고 처벌하지 않으면 간민이 겁내지 않는다'는 것입니다. 따라서 순자는 '다스림의 요체를 예의와 형벌 治之經 禮與刑'로 보았고, 예형병시 (禮刑并施)의 입장을 견지하였습니다.

맹자, 순자 모두 궁극적으로 선을 지향하였지만 맹자는 본래부 터 선한 본성을 더욱 확충하고자 하였고, 순자는 악한 본성을 통제하 고 교화하여 선으로 나아가고자 하였습니다. 말하자면 맹자는 선에서 선으로 향했고, 순자는 악에서 선으로 향했다고 할 수 있습니다.

인간이 선한 본성과 악한 본성을 모두 가지고 있다는 고자의 견 해에 따르면 선을 강화하면 (더욱) 선하게 되고, 악을 강화하면 (더욱) 악하게 되기 때문에 인간의 본성은 후천적으로 변하는 것이라 할 것 입니다.

본성론의 문제들

오늘날의 관점에서 보면 성선설과 성악설은 모두 일정한 한계가 있습니다. 모순적 존재인 인간의 한쪽 측면만 본 것이고, 절반의 진실 만 말하고 있는 것입니다.

인간은 '정신과 육체의 유기적 일체'이고, '이성적인 동물'이며, '공동체적 개인'입니다. 유한한 생명체지만, 생명의 유한성을 자각하 는 거의 유일한 존재이고, 생명의 유한성을 자각하는 자아를 자각하 는 전적으로 유일한 존재입니다. 오랜 공동체의 경험과 언어(문자)생 활을 통해 형성된 이성을 가지고 있지만 동물로서의 본성 또한 부인 할 수 없습니다. 사회를 떠나 생존할 수 없는 폴리스적 존재이면서 한편으론 개체이자 단독자입니다.

인간은 먹고, 자고, 싸고, 번식하고, 목숨을 보존하려는 생물학적 본성뿐 아니라 사랑하고, 인정받고, 권력을 추구하고, 자아를 실현하려는 사회적 본성도 가지고 있습니다. 셰익스피어의 묘사처럼 '한쪽에는 정욕의 접시가, 다른 쪽에는 이성의 접시가 매달려 있는 저울' 같은 존재이고, 서로 균형을 이루거나 어느 한쪽으로 기울 수는 있어도 하나의 접시(본성)만 가진 사람은 없습니다.

유가가 강조하는 '불인인지심'은 실은 인간의 사회적 본성(정신, 이성, 공동체)을 중심으로 본 것이고, 법가가 주장하는 '호리오해'는 인간의 생물학적 본성(육체, 동물, 개인)을 중심으로 본 것에 다름 아닙니다. 그런 점에서 인간에게 선·악의 두 본성이 있다고 본 고자의 견해가 오히려 진일보한 것이라 할 수 있습니다.

흔히 사회적 본성을 선한 것으로, 생물학적 본성을 악한 것으로 평가하지만 이는 가치평가나 당위 이전의 사실, 실존의 문제입니다. 순자 말대로 '배고프면 먹고 싶고, 추우면 입고 싶고, 힘이 들면 쉬고 싶고, 이로움을 좋아하고 해로움을 싫어하는 것'은 생명체의 본질이고, 자연스런 현상입니다. 유기적 일체인 인간의 두 본성을 따로 떼어 하나는 선으로, 다른 하나는 악으로 규정하는 것은 오른손은 선하고 왼손은 악하다고 하는 것만큼이나 어불성설입니다. 사회적 본성만이 선이고, 동물적 본성은 악이라면 인간은 영원히 '반은 악한 존재'를 벗어날 수 없습니다.

유가는 '중의경리(重義輕利, 의를 중시하고 이익을 가벼이 여김)'를 인간 본성으로 보고, 이기심이나 이익의 추구를 백안시합니다. 그러나 바로 그러한 본성으로 인해 생산력이 발전하고 창의성이 발휘됩니다. 최초에 노동이 (토지)소유권의 근원이었던 것처럼 소유권은 다시 강렬한 노동의 동기가 됩니다. '놉(날품)'을 얻어 논 10마지기를 매면 주인이 9마지기를 맨다'는 말이 있습니다. 소유권의 귀속관계, 주인의식의 유무는 생산력에 직접적인 영향을 미칩니다. 무한생산, 무한소비, 무한이윤으로 대표되는 자본주의적 생산양식은 그에 따른 부작용(에너지고갈, 환경위기, 양극화, 물신주의 등)도 적지 않지만 그 덕분에 인류가 오늘날과 같은 풍요와 삶의 질을 누릴 수 있게 된 것도 분명한 사실입니다. 유가와 달리 법가는 인간의 이러한 욕망과 이기심을 긍정하고 이를 당연한 전제로 생각합니다.

생물학적 본성과 사회적 본성

생물학적 본성이 동물계의 일원인 인간에게 생래적으로 부여된 것이라면 사회적 본성은 인류가 오랜 집단생활과 진화과정을 통해 후천적으로 획득한 것이며, 개인이 임의로 취사선택할 수 없다는 점에서 모두 운명적이고, 본성적입니다.

유독 인간의 사회적 본성이 발달하게 된 것은 의외로 '인간의 유약성(柔弱性)'에 뿌리를 두고 있습니다. 인간은 다른 동물들에 비해 생물학적, 육체적으로 강인하지 않습니다. 양주(楊朱)의 말처럼 '발톱과 이빨은 자기 방어를 하는 데 쓰지도 못할 정도의 것을 가지고 있고, 살갗은 자기 몸을 보호하기에도 불충분하며, 뜀박질은 이로운 것을 쫓고 해로운 것으로부터 도망치지도 못할 정도이고, 추위와 더위를 막을 털과 깃도 없습니다.' 맹수는 무리를 지을 필요가 없지만 유약한 인간은 생존을 위해 집단생활이 필요하고 집단생활은 질서와 윤리를 낳습니다.

'직립보행'이라는 인류의 특질도 사회적 본성의 발달에 결정적

영향을 미쳤습니다. 똑바로 섬으로써 두 손이 자유로워지고, 도구와 불을 사용할 수 있었으며, 뇌(언어, 이성)가 발달하였습니다. 둔부는 작아지고 산도(産道)가 좁아져 조기 출산이 불가피했고 그렇게 태어난 미숙아는 공동체의 보호와 사랑, 상당 기간의 사회화 과정을 통해서만 생존할 수 있었습니다.

'천사의 본질은 금식(禁食)'이라고 합니다. 무언가를 끊임없이 먹고 소화시키고 배설하는 천사를 생각하기 어렵습니다. 그러나 사람은 한시도 먹지 않고는 살 수가 없습니다. 인간은 천사가 아니며 그렇다고 금수도 아닙니다. 전적으로 사회적 본성만을 갖거나 전적으로 동물적 본성만을 가진 존재로 전화할 수는 없으며, 만약 전화한다면 더 이상 인간이 아닙니다. 주희는 '아무리 뛰어난 사람도 인심(人心)이 없을 수 없고, 아무리 어리석은 사람도 도심(道心)이 없을 수 없다'고 말합니다. 인심이란 '인간으로서의 욕구, 욕심'을 말하고 도심이란 '진리를 찾고 실천하려는 마음'을 말합니다. 두 가지 모순된 본성의 혼성이자 변주라는 점에 인간 존재의 복잡성과 가치가 있습니다. 그런 점에서 본성은 상수(常數)요, 불변이라 할 수 있습니다.

하지만 인격이 성숙하고, 문화가 발전함에 따라 사회적 본성은 점차 강화되며, 사회적 본성으로 생물학적 본성을 제어·조절할 수 있는 능력도 향상됩니다. 생물학적 본성과 사회적 본성은 분명 구별되고 갈등하지만 한편으론 서로 의존하고 촉진하기도 합니다. 생물학적 본성이 적절히 충족될 때 사회적 본성이 꽃 피고, 사회적 본성이 발양되어야 생물학적 본성이 조화롭게 충족될 수 있습니다. 그렇게 보면 사람은 변하지 않으면서 변하는 존재요, 인류의 과제는 생물학적 본성의 조화로운 충족과 사회적 본성의 강화라 할 수 있습니다.

사람의 지배

예는 앞으로 그렇게 되기 전에 금하는 것이고, 법은 이미 그렇게 된 뒤에 금하는 것입

니다. 禮者禁于將然之前 法者禁于已然之後

《신서》〈예찰〉

소강사회

기원전 2,100년 경 요·순을 이어 우(禹)가 보위에 오르고 하(夏) 왕조가 시작됩니다. 우가 늙자 당초 씨족연맹에서는 관례대로 고요와 백익을 후임자로 추대합니다. 그러나 은밀히 세력을 장악한 우의 아들 계는 백익을 죽이고 권좌에 오르며 이렇게 하여 우를 시조로 하는 하 왕조가 열리게 된 것입니다.

사가(史家)들은 하나라 건국 이전을 대동시대, 건국 이후를 소강시대라 부릅니다. 시대가 근본적으로 변했다고 보는 것인데, 이제 천하가 만인의 것(天下爲公)에서 특정 집안의 것(天下爲家)으로 바뀌었다는 것입니다. 좌파 경제사가들은 중국 역사에서 원시 공산제 사회가 끝나고 고대 노예제 사회가 시작되었으며 계급이 출현하고 사적소유가 시작되었다고 봅니다. 법철학적으로 보면 자연 상태가 끝나고 국가 상태, 법 상태로 이행하였다고 할 수 있습니다.

이 시대는 청동기 시대의 개막과 때를 같이 하는데 청동기 시대는 권력자의 등장, 계급의 출현, 초기 국가의 성립과 긴밀한 연관이 있습니다. 청동제 무기와 농기구의 사용으로 농업생산성이 향상되고 정복전쟁이 활발해졌으며, 부(富)와 군사력을 수중에 장악한 권력자가 등장하고, 그 지위가 세습될 수 있었던 것입니다.

《좌전》 등에 '하나라의 정치가 혼란해서 우임금이 형을 만들었다' '하후씨에게 백관이 있었다' '걸이 탕을 불러 하대에 가두었다'는 기록이 있는데 이로부터 하나라 당시에 형벌, 관료, 감옥(환토) 등이 존재하였음을 추론할 수 있습니다.

그러나 유적과 유물을 통해 실재가 확인된 왕조는 하나라를 뒤

이은 상(商)나라입니다. 상나라 도성의 유적지인 은허에서 갑골문, 궁터, 대묘, 청동기, 감옥(지뢰), 순장자(品) 등이 발견되었는데, 이러한 유적과 유물들은 상나라 당시에 왕, 권력자가 존재하고 도읍 국가체제를 이루었다는 것을 보여줍니다.

최초의 화폐가 등장한 것도 대략 하·상 시대입니다. 화폐는 본래 (강제)통용력과 그에 대한 일반의 신뢰를 근간으로 하는 국가적 현상입니다. 초기의 화폐는 조개로 만들어졌는데 이는 매매(賣買), 가격(價), 저장(貯)을 뜻하는 말들이 모두 조개 패(貝)자로 이루어진 것에서도 알 수 있습니다. 현물은 보관·저장에 한계가 있는 반면 독립한 조개화폐(貝幣)가 등장함으로써 본격적인 부의 축적이 가능하게 되었습니다. 조개화폐에 뒤이어 금속화폐(구리, 주석, 은, 금)가 등장하고 이후 아무런 실질가치가 없는 명목화폐(종이)로 발전하는 것은 화폐발달의 일반적 경로입니다. 따라서 기원전 1,600년경 늦어도 상나라의 성립 당시에는 중국 역사에서 자연 상태가 확실한 종지부를 찍고 국가 상태에 돌입하였다고 할 수 있습니다.

공자는 대동사회와 구별하여 소강사회를 다음과 같이 묘사합니다.

지금 세상은 대도는 사라지고 천하는 집안을 위한 것이 되었다. 그래서 각기 내 부모만을 부모로 생각하고, 내 아들만을 아들로 생각했으며, 재화를 사유하고 노력은 사리를 위해서만 사용된다. 천자와 제후는 세습하는 것을 예로 하며, 성곽과 구지를 외적으로부터 스스로를 지키는 것으로 삼고 있다. 예의를 기강으로 내세워 그것으로써 임금과 신하의 분수를 바로잡으며, 부자 사이를 돈독하게 하고, 형제를 화목하게 하며, 부부 사이를 화합하게 한다. 제도를 설정하고 전리를 세우며, 지혜와

용맹을 존중하고, 공은 자기를 위한 일에 이용한다. 그런 까닭에 간사한 꾀가 이 때문에 일어나고 전쟁도 이로 인하여 일어난다. … 이러한 세상을 소강의 세상이라 한다.

《예기》 <예운>

법의 이념

하·상 왕조의 성립으로 국가 상태, 법 상태에 진입했다고 했을 때 국가와 법의 목적, 존재이유는 무엇이며, 법가들은 그에 대해 과연 어떤 생각을 하였을까요?

국가와 법을 병렬적, 등치적으로 사용하였지만 국가와 법은 개념적으로 구별됩니다. 국가의 본질은 강제기구이고, 법의 본질은 강제규범이며, 전자는 사실(존재)의 영역이고 후자는 규범(당위)의 영역입니다. 논리적인 선후를 따져 본다면 사실로서의 국가와 권력이 먼저 성립하고 이후 규범으로서의 법이 정립된다고 할 수 있습니다. 법은 강제력을 본질로 하는 것이고, 그 제정 권력과 집행 권력을 필수적 전제로 하여 성립하는 것이기 때문입니다.

그러나 한편 국가와 법은 서로를 촉진하고, 상호 의존하는 관계에 있기도 합니다. 국가는 법을 만들고 그 효력을 뒷받침하며, 법은 국가를 보존하고 발전시키고 정당화합니다. 그런 점에서 국가의 역사는 곧 법(제)의 역사라 할 수 있습니다.

법(국가)의 일차적 존재이유는 두말할 것 없이 질서의 유지, 평화의 실현입니다. 상앙은 다음과 같이 말합니다.

옛날 사람들은 취락을 이루고 살면서 집단으로 거주하였으므로 자주 혼란이 생겼다. 이에 혼란을 정리해줄 군주가 있기를 희망했다. 이렇게 세상 사람들이 기꺼이 군주가 있기를 바란 것은 질서유지 때문이었다.

《상군서》<개색>

인민은 적고 재물은 여유가 있어서 자연 상태가 평화 상태라고 인식한 한비는 그러한 평화가 깨지고, 국가와 형벌이 등장하게 된 이유를 다음과 같이 설명합니다.

오늘날에는 다섯 자식도 많다고 하지 않고 아들이 또 다섯 자식을 두어 할아버지가 죽지 않으면 스물다섯의 손자가 있게 된다. 이로 인하여 인민은 많고 재화는 적어 힘들여 일을 해도 공양하기에 부족하니 백성들이 다투게 된다. 비록 후한 상을 내리고 중벌을 가하더라도 혼란을 면할 수 없다.

인민은 많고 재화는 적어 다툼과 혼란이 발생하고 이를 예방하기 위해서 국가와 법이 등장하였다는 것입니다. 인구는 기하급수적으로 증가하는 반면 식량은 산술급수적으로 증가하여 필연적으로 기아와 빈곤, 범죄가 발생한다는 맬더스의 인구법칙과 유사한 인식입니다.

한비가 자원(권력)의 희소성을 갈등과 경쟁의 원인으로 본 것은 뛰어난 통찰이지만, 인구가 반드시 기하급수적으로 증가하는 것은 아니며, 식량이 산술급수적으로 증가하는 것도 아닙니다. 인간이 기하급수적으로 증가할 수 있다면 가축(식량)도 기하급수적으로 증가할 수 있습니다. 인구의 증가에 비례하거나 이를 상회하는 생산력의 발전도 얼마든지 가능하며, 기아의 주된 원인은 기상이변, 식량부족이 아니라 정의(분배)의 문제이고 비민주적 국가(식민지, 왕정, 공산국가)에만 존재한다는 실증적 연구도 있습니다.

진정한 평화는 질서의 강요가 아니라 정의의 구현을 통해서 궁극적으로 실현됩니다. 따라서 국가와 법은 정의의 추구를 자신의 또 다른 이념(사명)으로 하지 않을 수 없습니다.

> 법이 분명하면 재주 있는 자는 어리석은 자의 지위를 빼앗을 수 없고, 강자는 약자를 침범할 수 없으며 다수파도 소수자에 대하여 행패를 부릴 수 없는 것입니다. … 호랑이를 울타리 속에 가두거나 간악한 자를 법률로 금하는 것은 세상 사람들에게 누를 끼치지 못하게 하기 위해서입니다. … 울타리를 만들어 호랑이를 가두는 것은 쥐를 막기 위해서가 아니라 겁쟁이라도 쉽게 호랑이를 다룰 수 있게 하기 위해서입니다.
>
> 《한비자》〈수도〉

결국 국가와 법은 '정의로운 질서의 추구를 통한 공동체 구성원의 행복한 삶'을 그 궁극의 존재이유이자 이념으로 삼는 것이어야 합니다. 묵자의 다음과 같은 말은 국가와 법이 왜 존재하는 것인지 명징하게 보여줍니다.

> 하늘이 군주를 세운 목적은 군주가 온 인민을 유익하게 하고, 재해를 없애주며, 가난함을 부유함으로 바꾸고, 적은 수를 많아지게 하고, 위태로운 것을 평안하게 하며, 어지러운 것을 다스리게 하려 함에 있다.
>
> 《묵자》〈상동〉

사람의 지배

국가 상태, 법 상태에 진입하였다고 해서 처음부터 법에 의한 지배가 이루어진 것은 아닙니다. 상당 기간 '왕이 곧 국가요, 왕의 말이 곧 법'인 시대가 이어졌습니다. 이 시대를 사람의 지배 시대라고 일컫는 것도 그 때문입니다.

사람의 지배는 하나라 건국부터 상 왕조, 주(周) 왕조를 거쳐 법가가 본격적으로 활동하던 춘추·전국시대까지 내려옵니다. 물론 이 말은 법가 출현이후 중국이 법에 의한 지배로 완전히 환골탈태하였다는 뜻은 아니며, 이때 비로소 법에 의한 지배가 최초로 그리고 본격적으로 시도되었다는 의미에 가깝습니다.

사람의 지배는 통치자 개인의 자의(恣意)에 의한 지배를 본질적 특징으로 하는데, 이는 성문법의 미발달과 깊은 관련이 있습니다. 명확한 성문의 법 규정이 없으니 언제든 자의에 의한 통치가 가능했던 것입니다. 앞서 본 것처럼 법은 일정한 관습에서 출발하여 관습법으로 발전하고 이후 성문법으로 진화합니다. 하·상·주 3대는 법의 발전경로에 비추어보면 여전히 관습법의 시대라 할 수 있고, 주로 형벌(하의 우형, 상의 탕형, 주의 여형)에 관련된 관습법과 서(誓), 고(誥), 훈(訓), 명(命)이라는 이름의 국왕의 단발명령이 존재하였습니다.

기원전 500년경 춘추·전국 시대에 이르러 비로소 성문법이 처음 등장하며, 이처럼 중국에서 성문법의 역사는 겨우 2,500년을 넘지 않는데, 성문법이 제정되기 위해서는 국가라는 권력체계 외에도 문자의 발달과 통일, 법에 대한 인식의 전환이 필요하기 때문입니다. 은허에서 출토된 갑골문이나 청동기·도기의 명문(銘文)에서 알 수 있는 것처럼 중국에서 문자의 사용은 상(은)나라 이후의 일(기원전 1,300년 전후)로 추정되며, 오랫동안 '법은 알려서는 안 되고, 위세는 짐작할 수 있어서는 안 된다'는 생각이 지배해왔습니다.

법가와 달리 유가는 덕치와 인치를, 도가는 무위지치를 내세웠는데, 이 또한 그 실질에 있어서 일정한 표준이 아니라 통치자 개인의 능력과 품성에 의지하는 지배를 의미하는 것이었고, 본질적으로 사람의 지배를 벗어나지 못하는 것이었습니다.

자의에 의한 지배

사람의 지배는 법과 기준, 원칙에 의한 지배가 아니라 통치자의 자의(恣意)에 의한 지배입니다. 통치자 마음대로 행하는 지배는 통치자 1인을 자유롭게 할 수는 있지만 나머지 모든 사람을 부자유와 불안, 공포 속으로 몰아넣습니다.

《한비자》 <세난> 편에는 여도지죄(餘桃之罪)에 관한 고사가 있습니다. '먹다 남은 복숭아를 준 죄'라는 뜻입니다.

옛날 미자하라는 사람이 위나라 왕의 총애를 받았다. 위나라 법에는 왕이 타는 수레를 몰래 타는 자는 발이 잘리는 벌을 받게 되어 있었다. 그런데 어느 날 밤 모친이 아프다는 소식을 들은 미자하가 슬쩍 왕의 수레를 타고 나갔다. 후에 왕이 이 일을 듣고 그를 칭찬하며 "효자로구나. 어머니를 위하느라고 발이 잘리는 벌도 잊었구나"하였다. 다른 날 미자하가 왕과 함께 정원을 노닐다가 복숭아를 땄는데, 먹다가 맛이 아주 달아서 나머지를 왕에게 먹으라고 주었다. 왕이 말하기를 "미자하는 나를 무척 사랑하는구나. 맛이 좋으니까 과인을 잊지 않고 맛보게 하는구나"하였다. 세월이 흘러 그의 미색이 쇠하자 왕의 총애도 식었는데, 왕에게 죄를 얻었다. 왕이 말하기를 "이자는 본래 성품이 못된 놈이다. 과인의 수레를 몰래 훔쳐 타기도 하고, 제가 먹던 복숭아를 과인에게 먹으라 한 적도 있었다"라고 하였다. 미자하의 행동은 처음과 달라진 것이 없었다. 그러나 앞서는 칭찬을 받았으나 후에는 죄를 얻었던 까닭은 사랑이 미움으로 변했기 때문이다.

한비는 왕에게 유세하는 일의 어려움을 말하면서 여도지죄의 고사를 들고 있지만 이는 또한 자의에 의한 지배, 통치자가 마음 내키는 대로 생사여탈권을 행사하는 것의 폐해를 단적으로 보여주는 것입니다. 전에는 칭찬받던 바로 그 일 때문에 이제는 목을 베이거나 발뒤축을 잘리거나 추방되는 형벌을 받는다면 불안해서 살 수가 없고, 그 어떤 행동도 할 수가 없는 것입니다. 그저 권력자를 멀리 하고, 그들의 눈에 띠지 않는 게 상책이라면 상책이라 할 수 있습니다. 어떤 행위는 금지되고 어떤 행위는 허용되는지 분명하게 표명하고 일관되게 적용될 때 사람은 안심하고 특정한 행위를 할 수 있습니다.

자의에 의한 지배는 국가의 중대사인 태자를 세우는 문제에서도 나타납니다. 앞서 본 것처럼 유가는 군주를 바로 세우는 것을 정치의 출발이자 요체로 보았습니다. 군주가 바로 서야 관리가 바로 서고 나라가 바로 선다고 본 것입니다. 태자는 바로 차기군주가 될 사람이고 따라서 조기에 양질의 교육을 집중할 필요가 있습니다. 공자는 '어릴 때 형성된 것은 천성과 같고, 습관은 본래부터 그러한 것과 같다(小成若天性 習貫如自然)'고 말하기도 하였습니다. 그런데 자의에 의한 지배

가 이루어지면 이처럼 중요한 태자의 책봉과 교육이라는 과제가 왜곡
될 수밖에 없습니다.

> 정나라 군주가 "태자의 인품이 어떻소?"라고 묻자 정소가 대답했습니다.
> "태자는 아직 태어나지 않았습니다."
> 군주가 의아하게 생각하여 물었습니다.
> "태자는 정해져 있는데 아직 태어나지 않았다니 무슨 뜻인가?"
> "군주께서 여색을 즐기기를 그치지 않으시니 만약 앞으로 총애하는 여
> 인이 아들을 낳는다면 반드시 그 아들을 후사로 세우고자 하실 것입니
> 다. 그러면 지금의 태자는 언제 폐하게 될지 알 수 없으므로 태자가 아
> 직 태어나지 않았다고 말씀드린 것입니다."
>
> 《한비자》<내저설 하>

우연에 의한 지배

사람의 지배는 자의에 의한 지배일 뿐 아니라 전적으로 통치자
개인의 능력과 성품에 의존하는 지배이고, 따라서 통치자가 어떤 인물
인가 하는 것은 나라의 국운, 흥망성쇠에 결정적인 영향을 미칩니다.

제 환공이나 초 장왕은 진(晉) 문공, 송 양공, 진(秦) 목공 등과
함께 춘추5패로 불리던 사람들입니다. 유명무실해진 주나라 왕실을
대신해 제후국의 맹주가 되어 천하의 패권을 행사했던 제후들입니다.
그러나 제 환공이 죽자 제나라는 거의 망할 지경에 이를 만큼 쇠약해
졌고, 초 장왕이 세상을 떠나자 초나라도 단번에 힘을 잃었습니다. 연
나라의 소왕, 위나라의 안리왕이 죽은 후에도 마찬가지였습니다.

어질고 유능한 군주가 계속 등장한다면 모르겠지만 혈통에 따라 왕위가 상속되는 상황에서 언제든 폭군이나 바보가 권좌에 오를 수 있었으며 따라서 그만큼 나라의 운명은 부침을 계속하고 불안정해질 수밖에 없습니다. 말하자면 사람의 지배는 우연에 의한 지배라 할 수 있고, 따라서 누가 권좌에 앉든 상관없이 일관성을 유지하고, 우연성을 최소화하는 지배를 실현할 필요가 있습니다.

상앙, 한비는 각기 다음과 같이 말합니다.

이주는 백 보 밖에서도 능히 털끝을 볼 수 있지만 자신의 밝은 눈을 남에게 줄 수는 없고, 오획은 천 균의 무게를 들어 올릴 수 있지만 자신의 힘을 다른 사람에게 줄 수는 없습니다. 성인이 가지고 있는 타고난 성품은 다른 사람에게 옮길 수 없지만 그래도 공덕을 이룰 수 있는 것은 법치 때문입니다.

《상군서》〈조법〉

초 장왕이나 제나라 환공은 패업을 이룰 수 있었고, 연 소왕과 위 안리왕이 보위에 있을 때 연나라와 위나라는 강성하게 되었지만 그 한 사람의 명군이 죽고 나자 대번에 나라가 쇠약해졌습니다. 이것은 군주가 나라를 독재하고 있으면서 신하로서 훌륭한 인재를 등용하고 법을 엄히 지키게 하려는 태도가 부족했던 데 기인합니다. … 공법을 근원으로 하여 정실 등을 배척하고 바른 법에 의해 만사를 처리해 나간다면 백성은 저마다 그 생업에 편안할 수 있으며 나라는 잘 다스려지게 됩니다.

《한비자》〈유도〉

개인에 의한 지배

사람의 지배는 또한 개인에 의한 지배입니다. 소규모 무리사회처럼 공동체의 규모가 작고 단순할 때는 개인에 의한 통치가 가능하고 효율적일 수도 있습니다. 그러나 부족국가 이상으로 인적, 지리적 범위가 확대되면 이제 개인의 힘이나 능력으로 이를 다스리는 것은 불가능합니다. 조직에 의한 통치가 이루어져야 하고, 조직은 통일된 준칙에 의거 활동해야 합니다. 국가가 성립하고 조직이 복잡해지면 통치의 효율을 위해서도 법이 불가피해지는 것입니다. 한비는 정나라의 재상 자산의 예를 들어 알기 쉽게 설명합니다.

정나라 자산이 동장이라는 마을을 지나는데 웬 부인의 곡하는 소리가 들려왔습니다. 자산은 수레를 멈추게 하고는 그 부인의 곡성을 신경을 집중시켜 들었습니다. 그런 다음 관리를 보내 그 부인을 잡아오게 하여 신문을 했는데, 과연 제 손으로 남편을 목 졸라 죽였다는 사실을 알게 되었습니다. 며칠 후 마부가 물었습니다.
"대부께서는 그 일을 어떻게 미리 아셨습니까?"
"그 울음소리는 겁에 질려 있었다. 무릇 사람이란 사랑하는 사람이 병들면 근심하고 죽지나 않을까 두려워하며 마침내 죽으면 슬퍼하는 법이다. 그런데 그 부인의 곡소리는 슬퍼하는 것이 아니라 두려워서 하는 소리인지라 그녀가 나쁜 짓을 저질렀음을 눈치 챈 것이다."
어떤 사람은 말했습니다.
"자산은 나라를 다스리는데 있어 지나치게 번잡스럽다. 부정한 일에 대해 일일이 재상인 그의 이목이 미치기를 기다려 비로소 이것을 잡는다고 하면 정나라에서 검거되는 범법자의 수는 아주 적을 것이다. … 나라를 다스리는 도구인 법률을 확립하는 데 힘써야 함에도 불구하고 단지 자기 지혜의 밝음만 믿고 정신을 소모하여 범법자를 잡는다는 것은 천하를 다스리는 술수를 터득하지 못한 자라고 할 수 밖에 없다. 말하자면 나라에 사건은 많으나 한 사람의 지혜에는 한도가 있으니, 곧 중과부적인 것이다. … 새들이 무리지어 날아갈 때 만약 활을 쏘아 그것을 전부 맞히겠다고 한다면 이는 활의 명수인 예도 불가능한 일이다. 그러나 만약 천하에 그물을 친다면 세상의 모든 새는 한 마리도 그물 밖으로 빠져 나갈 수 없을 것이다. 그와 마찬가지로 사악을 발견함에 있어 큰 그물이 있으면 그것을 빠져 나갈 수 있는 죄인은 한 사람도 없을 것이다. 이 이치를 깨닫지 못하고 자기 혼자서 모든 사물을 생각하고 자기의 지혜를 예의 화살과 같은 것으로 하여 천하의 죄인을 남김없이 잡으려고 한다면 제 아무리 자산이 지혜롭다하더라도 할 수 없는 일이다."

《한비자》〈난삼〉

법가는 이처럼 자의에 의한 지배가 만연하고, 나라의 흥망성쇠가 통치자 개인의 역량에 좌우되며, 효율적 통치를 위해서는 이제 일정한 제도와 원칙, 법에 의거할 필요가 있는 시대에 등장하여 본격적으로 법에 의한 지배, 법을 통한 통치를 실현하기 위해 헌신합니다.

춘추·전국 시대

백성들은 자식을 바꾸어 잡아먹고 시체의 뼈를 쪼개 고아먹었다.

《열자》<설부>

서주시대

기원전 1,046년경 주 무왕은 상나라를 멸망시키고 주(周)나라를 개국합니다. 이때부터 기원전 770년경 주 평왕이 수도를 서쪽 호경에서 동쪽 낙읍으로 옮길 때까지를 통상 서주시대라고 합니다.

주나라는 크게 3대 제도 위에 세워진 나라이고, 이러한 각종 제도를 정립한 것은 무왕의 동생인 주공이며, 그 때문에 주공은 주나라의 설계자로 불립니다. 그는 상나라의 멸망, 특히 주왕(紂王)의 학정으로부터 교훈을 얻어 '명덕신벌(明德愼罰)'과 '보민(保民)'을 기치로 내겁니다. '덕을 밝히고 형벌을 신중히 하며, 백성을 보호한다'는 것입니다. 그리고 주나라 왕실을 항구적으로 보위하기 위한 효율적인 정치·사회질서를 구상합니다.

첫째는 종법제입니다. 종법제란 지배(희씨) 혈족을 적장자 계열인 대종(大宗)과 그 밖의 소종(小宗)으로 나누어 소종이 대종을 따르도록 하는 종가 중심의 위계질서, 상속제도입니다. 대종만이 조상에게 제사를 지낼 수 있었고, 지위와 재산도 대종이 상속토록 하였습니다.

둘째는 분봉제(봉건제)입니다. 천자는 자신의 직할지(王畿)를 제외한 나머지 영토와 인민을 제후들에게 나누어주고, 제후는 다시 자신의 직할지를 제외한 영토와 인민을 (경)대부에게 나누어주는 방식입니다. 분봉은 주로 천자나 제후와의 혈연관계에 의해서 이루어졌으며, 이렇게 해서 세워진 봉지를 각각 국(國)과 가(家)라 불렀습니다. 오늘날 사용하는 국가라는 말의 기원이라 할 수 있습니다.

종법제와 분봉제가 결합되면 결국 천자의 적장자는 천자를 승계하고, 그 밖의 자는 제후가 되며, 제후의 적장자는 제후를 승계하고 그 밖의 자는 (경)대부가 되는 것입니다. 천자는 천하제일의 대종으로 제후의 받듦을 받고, 제후는 천자에 대해서는 소종이나 봉국 내에서는 대종으로 대부의 받듦을 받으며, 대부는 제후에 대해서는 소종이나 가내에서는 대종으로 기타 소종의 받듦을 받는 것입니다. 이렇게 하여 나라 전체에 동일 혈족 집단에 의한 수직적이고 중첩적인 지배 체제가 수립되었습니다. 주나라 초기 71개의 제후국이 세워졌는데 무왕의 형제가 15명, 희씨 성을 가진 자가 40명에 이르렀습니다.

천자, 제후, 대부는 군신관계이면서 혈연(부자, 형제)관계이기 때문에 결국 충·효의 결합, 정치와 윤리의 결합, 국권(國權)과 가권(家權)의 결합이고, 이렇게 하여 가부장적 왕권국가가 완성된 것입니다. 서로 다른 두 제도를 유기적으로 결합하여 주나라 왕실을 2중적(윤리적, 정치적)으로 옹위하도록 한 것에 주공의 치밀성이 있습니다.

셋째는 정전제입니다. 천자나 제후, 대부들 소유의 일정한 규모의 토지를 우물 정(井)자 모양의 9개 필지로 나누어 경작하도록 한 것입니다. 정전의 한가운데를 공전, 그 둘레의 8필지를 사전이라 칭했는데 농민들은 반드시 공전을 먼저 경작한 후 사전을 경작하였고, 공전의 생산물을 바치고 사전의 소출로 생계를 유지하였습니다. 말하자면 정전은 영주들의 수입(봉록)의 근원이자 공동노동, 강제노동의 단위였습니다.

중국의 정통 법률사상사는 하·상·주 3대에 노예제가 형성, 발전되고, 춘추전국시대에 봉건제사회로 이행하며, 이후 진·한나라부터 아편전쟁에 이르기까지 오랜 봉건제 사회가 유지되다가 아편전쟁 후 반식민지 반봉건 사회를 거쳐 사회주의 사회로 이행하였다고 봅니다. 그러나 이는 마르크스의 경제사관에 꿰어 맞춘 것으로 실제와는 차이가 있습니다. 봉건제는 앞서 본 것처럼 주나라 때 제도화되었다가 춘추전국시대에 점차 와해되고 진·한 이후 중국은 오랫동안 절대군주 하의 중앙집권국가체제를 유지하였습니다.

이원적 규범

주나라 봉건질서 하에서 지배계층은 천자, 제후, 대부 등 영주들과 이들을 위해 봉사하는 관료집단들이었습니다. 반면 피지배계층은 사·농·공·상의 사민(四民)계층과 노예로 구성되었으며, 따라서 전체적으로 5계급 체제를 형성하고 있었다고 할 수 있습니다. 사민계층은 거주지와 하는 일이 일정하게 나누어져 있었고(四民分定), 사(士)계층을 제외하고는 그 처지가 노예와 다를 바 없었으며, 실제로 농민이나 공인들은 정전이나 관청에 종속되어 노예노동에 종사하였습니다. 노예는 주로 피정복민이나 범죄자가 주된 공급원이었습니다.

오늘날 백성(百姓)은 일반 국민이나 서민을 지칭하는 말로 쓰이지만 본래 백성은 '자기 성을 가진 사람들,' 즉 지배계층의 일원이었습니다. 상나라 때 제사와 점복을 담당하는 무사(巫史)와 정인(貞人), 이민족의 통치를 담당하는 대리인인 방백(邦伯)과 후(侯)를 통칭하는 말이었습니다.

주나라에서는 '친친(親親) 존존(尊尊)의 원칙'이 지배하였는데 '(혈연적으로) 가까운 사람을 친히 대하고 존귀한 사람을 존귀하게 대한다'는 것입니다. 당연한 말 같지만 친친 존존의 원칙은 다른 말로 '소소(疎疎) 비비(卑卑)의 원칙'입니다. '먼 사람은 멀게 대하고 비천한 사람은 비천하게 대한다'는 것입니다. 친소존비에 따라 사람을 달리 대하는 철저한 차별의 논리입니다.

친친의 원칙은 아버지는 자애롭고(父慈), 자식은 효성스러우며(子孝), 형은 우애 있고(兄友), 동생은 공손한 것(弟恭)을 그 구성요소로 하는데 핵심은 효와 공(孝, 恭)입니다. 부모에게 효도하고 형에게 공손하라는 것입니다. 존존의 원칙은 말 그대로 노예와 서민은 노예주를 받들고 하급귀족은 상급귀족에게 복종한다는 것입니다.

친친은 집안윤리, 존존은 사회윤리로 서로 별개의 원리 같지만 상호 긴밀히 연관되어 있었습니다. 앞서 본 것처럼 천자와 제후, 제후와 대부는 부자관계나 형제관계에 있었기 때문에 효제(孝悌)는 곧 천자나 제후에 대한 존경, 충성의 다른 표현입니다. 집안과 국가가 하나였고, 국가권력과 가족권력이 일치하였습니다.

지배계층과 피지배계층은 신분과 처지가 달랐음은 물론 각기 다른 규범의 지배를 받았는데, 지배계층은 예(禮), 피지배계층은 법(法)의 지배를 받았습니다. 예는 서민에게까지 내려가지 않고 형은 대부 이상 올라가지 않는다는 이른바 예불하서인(禮不下庶人) 형불상대부(刑不上大夫)의 원칙이 이를 잘 말해줍니다. 예의염치와 인륜도덕을 아는 지배계층은 예로 다스리고, 무지몽매한 피지배계층은 법으로 다스린다는 것입니다.

예(禮)는 본래 제사용 그릇을 진설해 놓은 모습에서 유래한 것으로 당초 제사에 사용되는 의식을 일컬었으나 주나라에 이르러 귀족 종법 등급제를 유지 보호하기 위한 각종의 제도와 행위규범·예절의식의 총화를 지칭하였습니다.

속죄형, 질곡

형이 대부 이상으로 올라가지 않는다고 하여 지배계층은 잘못을 범해도 처벌이나 제재를 받지 않았다는 뜻은 아닙니다. 종법등급질서를 파괴하는 자는 형벌에 처해졌으며, 다만 귀족에게는 여러 특권이 있어서 스스로 죄를 묻고 자결하게 하거나, 궁형을 쓰지 않거나, 공개집행을 하지 않았습니다. 대부 이상의 관료귀족은 송사에 출석하지 않아도 되었고, 친족이나 수종들이 대리할 수 있었습니다.

속죄형(贖罪刑) 제도도 그 중 하나입니다. 속죄형은 돈으로 형벌을 대신하게 한 것인데 이는 돈이 있는 귀족들에게나 가능한 특권이었습니다. 주의 여형에 따르면 묵형의 경우 동 600냥, 의형의 경우 동 1,200냥, 비(월)형의 경우 동 3,000냥, 궁형의 경우 동 3,600냥, 사형의 경우 동 6,000냥으로 대신하게 하였으며, 이를 통해 화폐경제의 발달과 함께 당시 시행되던 오형간의 형의 경중도 짐작할 수 있습니다. 묵형, 의형, 비(월)형, 궁형, 사형 순으로 형이 무거웠고 그 때문에 속죄금도 더 커졌던 것입니다.

형구의 사용에도 귀족은 특권이 있었습니다. 본래 상죄(上罪)를 지은 자는 곡(양손에 각각 채우는 나무 수갑)과 공(양손에 한꺼번에 채우는 나무 수갑)과 질(족쇄)을 채우고, 중죄(中罪)를 지은 자는 질과 곡을 채우고, 하죄(下罪)를 지은 자에게는 곡을 채웠는데, 다만 왕의 친족은 공만 채우고, 작위가 있는 자에게는 질만 채워서 죄를 받도록 하였습니다. 우리가 흔히 쓰는 질곡(桎梏, 속박되어 자유가 없는 고통스런 상태를 일컫는 말)이라는 말의 유래도 여기서 비롯됩니다.

여하간 나라의 질서체계와 규범이 상하 2개로 양분되어 있었던 것이고, 이러한 상황에서 법가는 형벌이 대부 이상으로 올라가고 법이 전면적이고 일원적으로 적용되는 세상을 만들고자 하였습니다. 그동안 비교적 치외 법권지대에 있던 귀족 지배계층으로서는 용납하기 어려운 일이었고, 따라서 법가와 귀족계층은 계속 충돌할 수밖에 없었습니다.

춘추·전국시대

춘추·전국시대는 춘추시대와 전국시대를 통칭한 것으로 기원전 770년부터 기원전 221년까지의 기간을 가리킵니다. 주 왕실이 몰락하고 여러 제후국들이 천하의 패권을 두고 크고 작은 전쟁을 벌이던 대혼란의 시대였습니다.

춘추시대의 기점이 된 것은 주나라의 천도였습니다. 기원전 770년 주 평왕이 이민족인 견융의 위협을 견디지 못하고 호경에서 동쪽의 낙양으로 도읍을 옮긴 것입니다. 그 전을 서주시대, 이후를 동주시대라 부르는데, 주왕실의 권위가 적잖이 추락하였음을 보여주는 상징적인 사건이었습니다.

주 왕실이 점차 힘을 잃자 제후국들이 득세하여 앞다퉈 전쟁을 벌이기 시작하는데, 춘추시대에 이름이 등장하는 나라가 148개국, 군사충돌이 484차례나 있었습니다. 다만 형식적으로는 아직 주례를 지키고 주 왕실을 받들었으며 따라서 전쟁의 명분은 '왕을 받들고 오랑캐를 물리친다'는 존왕양이였고, 명분전·단기전·전차전의 양상이었습니다.

전국시대는 진(晉)나라가 3분할된 기원전 403년 시작되었다가 진시황이 전국을 통일한 기원전 221년 막을 내립니다. 유명무실한 주왕실은 마침내 진나라 3대부(한씨, 위씨, 조씨)의 하극상을 용인하고 이들을 제후에 봉하게 되는데, 이는 천자, 제후, 대부로 이어지는 주나라 지배체제, 신분질서가 근본적으로 붕괴되었음을 보여줍니다. 이때부터 제후국은 스스로를 왕으로 칭하며 노골적으로 천하의 패권을 추구하였고, 그에 따라 전쟁의 양상도 살육전, 겸병전, 장기전, 보(기)병전으로 점차 바뀌었습니다.

앞서 본대로 주나라 봉건체제는 천자를 정점으로 하는 동성씨족의 연합지배체제이자, 지방분권적인 지배체제입니다. 전국을 단일한 행정조직으로 편재하고 중앙정부에서 직접 관리를 파견하여 다스리는 것이 아니라 천자와 혈연관계에 있는 지방의 영주(제후, 대부)가 일정한 토지와 인민, 병력을 보유하고 각기 자치권을 행사하는 구조였습니다.

봉건제는 아직 중앙집권 국가를 실현할 인적, 물적 기반이 부족한 현실에서 불가피하기도 했고, 혈연관계에 있는 천자, 제후, 대부의 상호원조를 기대할 수 있어서 권력유지에 효율적인 측면도 있었습니다. 그러나 이러한 체제는 근본적으로 심각한 취약성을 내재하는 구조입니다. 혈연관계는 세대가 거듭될수록 희미해지기 마련이고, 천자(주 왕실)의 힘과 구심력이 약해지는 순간 거대한 원심력이 작동하여 전쟁과 혼란으로 귀결될 수밖에 없기 때문입니다.

춘추·전국시대는 이처럼 주왕실의 권위가 땅에 떨어지고 혈연의 의미도 퇴색하여 제후국이 서로 싸우는 전쟁과 민생 도탄의 시대였습니다. 전쟁으로 인한 민생의 피폐는 너무도 참혹하여 백성들이 자식을 서로 바꾸어 잡아먹을(易子食之) 지경이었습니다. 이러한 시대에 유가는 무너진 봉건질서의 재건을 통해 평화를 이룩하고자 한 반면, 법가는 봉건체제 그 자체를 전쟁과 혼란의 근원으로 보고, 이를 극복하여 중앙집권 국가를 실현하고자 하였습니다.

신흥세력의 등장

봉건체제하에서 자기 땅을 가질 수 있는 세력은 지배계층인 천자, 제후, 대부에 국한되었습니다. 나머지 피지배계층, 농민들은 자기 땅을 가질 수 없었고, 주로 영지(정전)에 종속되어 공동 노동에 종사하였습니다.

그러나 춘추·전국시대에 들어서면서 피지배계층의 농지소유와 매매가 시작되고 점차 자영농이 등장하게 되었습니다. 전쟁에 나가 공을 세워서 집과 전답을 하사받은 사람이나 유휴지, 천맥을 개발하여 소유한 사람들이 생겨나고 이들이 농지를 자경하고 사고팔게 된 것입니다.

한편 철기시대의 개막으로 철제농기구(쟁기 등)가 등장하고, 우경, 심경, 거름, 2모작 등 농법이 발달하여 농업생산력이 비약적으로 발달하였습니다. 이에 따라 전에 없던 자영농, 부농, 지주계급이 생겨나고, 또 도시가 형성되면서 부상, 거상도 나타났습니다. 이들 부농, 지주, 거상 등에게는 더 많은 땅과 시장이 필요했고 따라서 영주(천자·제후·대부)만이 토지를 소유할 수 있는 봉건질서는 그야말로 질곡이었습니다.

부국강병을 염원하는 개명 군주(제후)의 입장에서도 종속노동에 비해 자영농의 생산력이 월등하였기 때문에 봉건적 토지소유제를 그대로 유지할 것인지, 아니면 새로운 질서를 개척할 것인지 고민하지 않을 수 없었습니다. 봉건영주의 토지독점과 정전제, 노예노동이라는 낡은 생산관계로는 더 이상 농업 생산력의 발전을 담보할 수 없는 상황이었던 것입니다.

이때에 법가는 새롭게 성장하는 신흥계층을 대변하여 봉건귀족의 토지독점과 특권을 철폐하고자 하였고, 유가는 기존의 신분질서와 토지제도를 옹호하여 결과적으로 봉건영주의 입장을 대변하게 됩니다.

우리가 앞으로 살펴볼 법가들은 바로 이러한 시대의 현실 속에서 활동을 전개합니다.

제자백가의 법사상

가장 좋은 임금은 아래에서 그가 있음만 알 뿐이고, 그 다음은 그를 친하게 여겨 칭송

하는 것이며, 그 다음은 두려워하고, (그 다음은) 업신여기는 것이다.

《도덕경》 제17장

공자

공자의 어록인 《논어》에는 법령이나 형벌에 관한 이야기가 많이 나오지 않습니다. 공자가 질서유지를 위한 실용적 수단으로서 법령과 형벌의 필요성을 인정하지 않은 것은 아니지만 덕치와 예치의 중요성을 더 강조한 때문입니다. 그는 덕치와 교화가 주된 것이고 형벌과 법령은 보충적이라고 보았습니다. 그의 입장을 덕주형보(德主刑補), 중덕경형(重德輕刑), 주례보형(主禮補刑)이라 부르는 이유입니다.

법령과 형벌의 필요성을 인정한 점에서 일체의 법령·제도를 부인하는 도가와 다르고, 한편 법령과 형벌이 보충적 수단이라고 보는 점에서 예와 형의 병렬적 시행을 주장하는 순자나 순전히 상벌의 운용을 이야기하는 법가와도 구별됩니다. 공자의 이러한 법사상을 대표하는 것이 《논어》 〈위정〉 편에 있는 다음과 같은 공자의 말입니다.

공자가 말씀하였다.
법령으로 이끌고 형벌로 다스리면 백성(民)은 형벌만 면하려 할 뿐 염치를 모르게 되고, 덕으로 이끌고 예로 다스리면 염치도 알고 올바르게 된다.

법령이나 형벌로는 미봉일 뿐이고, 덕치와 예치만이 근본적인 통치이념이자 수단이라고 선언한 것입니다. 뿐만 아니라 이와 같은 공자의 말 속에는 서주이래의 전통적인 규범 질서를 넘어서려는 혁신적 생각도 담겨 있습니다. 앞서 본 것처럼 주나라는 지배계층과 피지배계층을 나누어 전자는 예로, 후자는 법으로 다스리는 이원적인 규범질서가 지배하였습니다. 형은 대부 이상으로 올라가지 않고, 예는 서인 이하로 내려오지 않는다는 것입니다. 그런데 공자는 지배계층에 국한하던 예를 서인 이하로 확대하고자 하였습니다. 피지배계층인 백성(民)을 덕으로 이끌고 예로 다스리고자 하였던 것입니다. 법가가 형을 대부 이상으로 끌어올려 법치로 일원화하고자 하였다면 반대로 공자는 예를 평민 이하까지 내려오게 하여 예치로 일원화하고자 하였던 것입니다.

공자의 다음 일화도 법사상과 관련하여 논란이 됩니다.

> 섭공이 공자에게 말했다.
> "우리 고을에 행실이 정직한 사람이 있습니다. 그의 아버지가 양을 훔쳤는데 자식이 그 사실을 증언했습니다."
> 공자께서 말씀하였다.
> "우리 고을의 정직한 사람은 그와는 다릅니다. 그런 일이 있더라도 아버지는 자식을 위해서 숨기고, 자식은 아버지를 위해서 숨겨주니, 정직함은 그 가운데 있습니다.
>
> 《논어》 <자로>

많은 해석가들은 위 대목을 법과 도덕의 충돌로 이해합니다. 절도범인 아버지를 고발하고 증언해야 할 법적 의무와 효라고 하는 도덕적 의무가 충돌한 사안이고, 공자가 그 중 인륜과 도덕을 택했다는 것입니다.

그러나 주나라 봉건질서는 천자의 적장자는 천자가 되고 나머지 아들·형제는 제후가 되며, 제후의 적장자는 제후가 되고 나머지 아들·형제는 대부가 되는 종법 등급제 국가이자 혈연지배체제였습니다.

이러한 질서하에서 아버지에 대한 불효나 형에 대한 불공(不恭)은 곧 불충이자 반역이고 지배질서에 대한 도전에 다름 아니었습니다. 때문에 불효(不孝), 불목(不睦)은 사면이 허용되지 않는 10대 중대범죄로 분류되었고, 효경에도 "오형에 속하는 삼천 가지의 죄 가운데에서 불효보다 큰 것이 없다"고 하여 이를 살인죄보다 심각한 것으로 생각하였습니다.

국가가 거대한 가족 지배체제인 상황에서 가내윤리는 곧 통치질서였던 것이고, 공자는 그 질서의 핵심을 옹호하고자 한 것입니다. 이는 공자의 다음과 같은 말에서도 여실히 드러납니다.

> 어떤 사람이 공자에게 물었다.
> "선생님께서는 어찌하여 정치를 하지 않으십니까?"
> 공자가 말씀하였다.
> "서경에 이르기를 '효도하라 오직 효도하고 형제에게 우애 있게 함으로써 이를 정치에도 미치게 하라'고 하였소. 이렇게 하는 것 또한 정치하는 것인데 어찌 일부러 정치를 할 것이 있겠소?"
>
> 《논어》 <위정>

《논어》 <안연 편>에는 다음과 같은 공자의 말도 있습니다.

> 공자가 말씀하였다.
> 송사를 듣고 처리하는 것은 나도 남들과 다를 것이 없으나 반드시 송사가 없도록 할 것이다.

공자는 법령이나 형벌의 존재를 긍정하였으되 궁극적으로는 이들이 없는 세상을 염원하였습니다. 그는 덕치와 교화를 통해 형벌이 필요 없는 대동세상을 만들고자 하였습니다. 그의 이러한 이덕거형(以德去刑)의 사상은 무거운 형벌로 형벌 그 자체를 없애고자 했던 법가의 이형거형(以刑去刑), 경죄중형(輕罪重刑)의 사상과 뚜렷이 대비됩니다.

맹자

공자를 이은 맹자가 표방한 것은 어진 정치(仁政), 곧 왕도(王道)입니다. 그는 왕도와 패도를 정치적으로 구분한 최초의 인물입니다. '덕으로 사람을 복종시키는 것이 왕도(以德服人王道)'이고, '힘으로 사람을 복종시키는 것이 패도(以力服人覇道)'라고 하였습니다.

어진 정치는 그의 성선설(불인인지심)의 필연적 귀결이며, 어진 정치의 출발은 무엇보다 '백성이 먹고 살 수 있게 하는 것'입니다.

> 차마 참지 못하는 마음이 있으니 차마 참지 못하는 정치가 있다. 차마 참지 못하는 마음으로 차마 참지 못하는 정치를 하면 천하를 다스리기를 마치 손바닥 놀리듯 할 것이다.
>
> 《맹자》 <공손추>

> 위로 족히 부모를 섬길 수 있어야 하고 아래로 족히 처자를 먹여 살릴 수 있어야 한다.

삶을 충분히 누리고 죽음에 이르러 아무 유감이 없는 것이 왕도의 시작
이다.

《맹자》<양혜왕>

백성이 먹고 살 수 있게 하기 위해서는 백성에게 항산(토지와 집)
이 있어야 하고, 부세와 요역을 가볍게 해야 하며, 극빈자(환과고독)를
구제해야 한다고 보았습니다. 항산이 없이 처벌만 하는 것은 백성을
그물질 하는 것이라고 질타합니다.

항산 없이 항심을 갖는 것은 오직 선비만이 할 수 있습니다. 일반 백성
들은 항산이 없으면 항심도 없습니다. 진실로 항심이 없으면 방탕·편
벽·사악·사치 등 못하는 것이 없습니다. 죄에 빠진 연후에 이를 형벌에
처한다면 이는 백성을 그물로 잡는 것입니다. 어찌 어진 사람이 임금의
지위에 있으면서 백성을 그물로 잡는 짓을 할 수 있겠습니까.

《맹자》<양혜왕>

범죄예방에 있어서 경제적 안정의 중요성을 강조하였고, 형벌을
가벼이 할 것을 주장하였으며, '죄는 처자에게 미치지 않는다(罪人不
孥)'고 하여 연좌제에 반대하였습니다.

나라간의 관계에 있어서는 '작은 것으로 큰 것을 섬기는 것이 지
혜(以小事大卽知)'이고, '큰 것으로 작은 것을 섬기는 것이 어짊(以大事小
卽仁)'이라고 보았습니다.

사대(事大)는 쉽고 사소(事小)는 어렵다고 생각하지만 사대하면서
자존을 지키는 것은 매우 어렵고 지혜가 필요한 일입니다. 따라서 맹

자의 위 말은 다음과 같이 달리 새길 수도 있습니다. '작은 것으로 큰 것을 섬김에는 지혜가 필요하고, 큰 것으로 작은 것을 섬김에는 어젊이 필요하다'

묵가

묵가가 성악설의 입장에서 자연 상태를 분쟁 상태로 인식하였고, 이러한 혼란을 극복하고 천하의 의를 통일하기 위하여 법(지도자)이 생겨났다고 본 것에 대해서는 앞서 살펴본 바와 같습니다.

《묵자》<법의> 편에는 그 밖에도 묵가의 자연법 주의, 겸애와 겸리의 사상이 매우 논리정연하게 피력되어 있습니다. 먼저 법의 필요성에 대한 언급입니다.

백공들은 구로 사각형을 만들고, 규로 원형을 만들고, 승으로 곧게 그리고, 현으로 반듯하게 하고, 수로 평평하게 만든다. 기술이 있는 공인이든 없는 공인이든 간에 모두 이 다섯 가지 도구를 법으로 삼는다. … 그러므로 백공들이 일을 하는 데에는 모두 법도가 있는 것이다. 하물며 지금 크게는 천하를 다스리고, 작게는 대국을 다스리는 데 법도가 없다면 이것은 백공의 분별력만도 못한 것이다.

이어서 현실의 법은 무엇을 표준으로 삼아야 할 것인가를 논합니다.

모두가 자기 부모를 본받는다면 어찌될까? 천하에 부모된 자는 많지만

인(仁)자는 적다. … 모두가 자기 스승을 본받는다면 어찌될까? 천하에 스승 된 자는 많지만 인자는 적다. … 모두가 자기 군주를 본받는다면 어찌될까? 천하에 군주 된 자는 많지만 인자는 적다. … 그러므로 부모·스승·군자 3자는 다스리는 법의로 삼기에 부족하다. 그렇다면 무엇으로 정치의 법도를 삼으면 좋을까? 하늘을 법도로 삼는 것보다 좋은 것은 없다.

막약법천(莫若法天)! 하늘을 법도로 삼는 것 만한 것이 없다는 말입니다. 하늘을 법도로 삼는다 함은 하늘의 뜻을 살펴서 하늘이 원하는 것을 행하고 하늘이 원하지 않는 것을 행하지 않는 것을 말합니다. 그러면 하늘은 또 무엇을 원하고 무엇을 원하지 않을까요? 천지(天志)는 어디에 있는 것일까요?

하늘은 반드시 사람들이 서로 사랑하고 서로 이익 되게 하는 것을 원하고 사람들이 서로 미워하고 적이 되는 것을 원치 않는다.
하늘이 사람들이 서로 사랑하고 이익 되게 하는 것을 원하고 서로 미워하고 적이 되는 것을 원치 않는다는 것을 어떻게 아는가?
그것은 하늘이 모두를 겸애(兼愛)하고 겸리(兼利)하는 것에서 알 수 있다.
하늘이 겸애하고 겸리하는 것을 어떻게 알 수 있는가?
그것은 하늘이 만물을 두루 보존하고 먹여 살리는 것에서 알 수 있다.

묵가는 결국 실정법의 상위에 하늘의 뜻이 있고, 실정법은 이러한 하늘의 뜻에 따라야 한다고 보았습니다. 전형적인 자연법사상의

색채를 띠고 있으며, 그 자연법의 내용이자 핵심을 다름 아닌 '겸애'
와 '겸리'라고 보았던 것입니다.

노자

묵가가 실정법의 존재를 긍정하면서 근원에 있어 자연법사상을
가지고 있었다면, 노자는 실정법 부정론, 극단적인 자연법사상을 채
택합니다. 모든 인위적인 제도와 노력을 부정하고 그것을 도리어 갈
등과 혼란의 원인이라고 파악합니다. 가장 좋은 것은 자연에 따르는
것이라고 봅니다.

> 사람은 땅을 본받고, 땅은 하늘을 본받고, 하늘은 도를 본받고, 도는
> 자연을 본받는다. 人法地 地法天 天法道 道法自然
>
> 《도덕경》 제25장

'자연'이란 말 그대로 '스스로 그러한 것'이고, '무위(無爲)'입니다.
'무위'는 인위적으로, 억지로 하지 않는다는 것입니다. 아무것도 하지
않는다는 것이 아니라 사물 본래의 자연적이고 내재적인 발전을 믿고
기다리며 돕는다는 뜻입니다. 《맹자》 <공손추> 편에 나오는 송나라
농부처럼 '벼가 빨리 자라기를 바란 나머지 억지로 뽑아 올리지 말라'
는 것입니다. '조장(助長)'이라는 말이 부정적 의미로 사용되는 이유도
그 때문입니다.

정치에 있어서도 무위의 다스림(無爲以治)을 최고로 봅니다.

대국(大國)을 다스리는 법은 작은 생선을 굽는 것과 같다.

《도덕경》 제60장

백성이 굶주리는 것은 그 위에 있는 자가 세금을 많이 거두어들이기 때문이니 이 때문에 굶주리는 것이다.

《도덕경》 제75장

법이야말로 인위적 노력과 제도의 총화, 결정체이며 당연히 노자는 실정법에 반대합니다. 불필요할 뿐 아니라 오히려 유해하다고 주장합니다.

법령이 많이 발표될수록 도적이 많아진다.

《도덕경》 제57장

그러나 극과 극은 통하는 법입니다. 모든 면에서 법가와 정반대편에 서 있고, 아무런 인연이 없어 보이지만 그러나 노자의 무위, 허정(虛靜)의 사상은 이후 신불해의 술(術)사상으로 이어지고, 한비에 의해 법(法), 술(術), 세(勢)로 통합됩니다. 사마천도 노자사상과 법가사상의 관련성에 주목하여 노자와 한비를 함께 묶어 <노자한비열전>에 수록하였습니다.

법가, 등장하다

法家

進(秦)나라의 풍속은 … 의로움은 적고 이로움을 좇으며, 형벌로 위협할 수는 있으나

선으로 교화하지 못하고, 상으로 권할 수는 있으나 명예로 격려하지 못한다.

《회남자》<요략>

부국강병을 말하다

관중은 법가의 비조로 평가받는 사람입니다. 춘추시대 정나라 사람으로 제나라의 재상을 지냈고 제 환공을 도와 최초로 패업을 이뤘습니다. 우리에게는 관포지교라는 고사성어의 주인공으로 더 잘 알려져 있는 인물이기도 합니다. 《사기》 <관·안열전>은 관중에 대해 이렇게 묘사합니다.

> 관중 이오는 영수 남쪽 사람이다. 그는 젊을 때 늘 포숙아와 사귀었는데 포숙은 그의 현명함을 알아주었다. 관중은 곤궁하여 언제나 포숙을 속였지만 포숙은 끝까지 그를 잘 대해 주고 속인 일을 따지지 않았다. 시간이 지난 뒤 포숙은 제나라 공자 소백을 섬기고 관중은 공자 규를 모셨다. 소백이 왕위에 올라 환공이 되고 이에 맞서던 규는 죽었다. 관중은 옥에 갇히는 몸이 되었으나 포숙은 환공에게 관중을 마침내 추천하였다. 관중이 등용되어 제나라의 정치를 맡게 되었고 제나라 환공은 천하의 우두머리가 되었다. 환공이 제후들을 여러 차례 모아 천하를 바르게 이끈 것은 모두 관중의 계책에 따른 것이었다.

관중이 공자 규를 따라 죽지 않고 소백(제환공)에게 등용된 것과 관련해 비판이 없지 않았습니다. 그를 옹호하는 입장에서는 동생(규)을 버리고 형(소백)을 따른 것이니 친친의 원칙에 반하지 않는다거나, 실은 규가 형이고 소백이 동생이지만 아직 군주의 신분이 아니었으니 큰 문제가 아니라는 논리를 내세웠습니다. 아무튼 관중은 작은 의리에 연연하지 않았던 것으로 보이는데, 그는 자신에게 도움을 준 국경 경비병이 어떻게 보답할 것인지 묻자 이렇게 대답하기도 합니다.

> 만약 그대의 말대로 제나라에서 등용된다면 나는 어진 자를 발탁하고 유능한 자를 채용하며 공이 있는 자를 포상할 것이다. 그때 무엇으로써 그대의 신세에 보답해야 할 것인가? 현명함인가, 재능인가, 공로인가?
>
> 《한비자》<외저설 하>

관중이 제나라를 춘추 제1의 패권국으로 만든 것은 세 가지 원칙에 따른 대내·외 정책 덕분이었습니다. 병농일치, 존왕양이, 선시후취(先施後取)가 그것입니다.

그는 행정(농사)단위와 군사편제를 일치시켜 '삶을 같이 즐기고, 행동에 같이 조화하며, 죽음에 같이 슬퍼하는' 일체화된 힘으로 생산성과 전투력을 동시에 높였습니다. 주왕실을 받들고 오랑캐를 몰아낸다는 명분으로 천자의 환심을 사고 제후국들의 경계심을 낮췄습니다. 망해가는 제후국을 보존해주고, 끊어진 대를 이어주었으며, 약한 나라를 보호하고, 다른 나라를 합병하려고 하지 않았습니다.

관중이 과연 법가인가는 논란의 여지가 있는 문제입니다. 그러나 그가 법치의 효용을 인식하고 부국강병을 실천한 것은 분명한 사실이며, 《한비자》 <오두>편에는 '나라 안의 모든 백성들이 정치를 논하고 상앙과 관중이 저술한 법치에 관한 책을 집집마다 소장하고 있다'고 기록하고 있습니다. 공자가 관중에 대해 이중적인 태도를 취하거나 맹자가 관중을 폄하한 이유도 그가 법치를 주장하고 패도를 실천하였기 때문이었습니다.

법에 관해 그는 다음과 같이 말합니다.

비어 있고 형상이 없는 것을 도라고 한다. 만물을 키워내는 것을 덕이라 한다. 군신, 부자 등 인간의 만사를 의라고 한다. 오르고 내림, 읍함과 사양함, 귀하고 천함의 등급, 멀고 가까움의 체제를 예라고 한다. 대소와 본말을 하나의 원칙으로 헤아려 죽이고 금하고 베는 규정을 법이라 한다.

사람의 마음은 다스리기 어려워서 법을 세워야 한다. 법은 예에서 나왔고, 예는 관습에서 나왔다.

군주를 위해 법령을 변경해서는 안 된다. 법령은 군주보다 존귀하다.

헌률제도는 반드시 도를 기준으로 삼는다.

도가 법을 낳는다.

도(道), 덕(德), 의(義), 예(禮)와 구별되는 법의 독립된 가치와 효용성을 인식하였음을 알 수 있고, 특히 '도가 법을 낳는다'는 생각은 실정법의 상위에 이를 초월하는 자연적 원리나 절대적 가치가 있다는 자연법사상의 원형을 보게 됩니다. 도(道)란 '만물의 근원이자 생성·변화의 법칙, 보편적인 당위규범'을 뜻하는 것입니다.

그는 형벌 또한 부국강병을 위한 목적에 종속시켰는데, 이를테면 투구와 갑옷, 창을 납부하면 죄를 면해주었고, 이를 통해 군비를 절약하고 부족한 병기를 보충하였습니다. 극히 수단적인 형벌관이라 할 것인데 아무튼 관중은 통치 수단으로서의 법의 가치와 실용성을 인식하고 실천한 최초의 법가라 할 수 있습니다.

형정(刑鼎)을 주조하다

자산은 춘추시대 정(鄭)나라의 재상입니다. 제나라의 안영, 진나라의 숙향, 오나라의 계찰 등과 더불어 현능한 재상의 표본으로 불리는 인물입니다. 공자도 '그는 군자의 도를 네 가지 지니고 있었으니, 그의 행동은 공손하였고 윗사람을 섬김에는 공경스럽고 백성을 돌봄에는 자혜롭고 백성을 부림에는 의로웠다'고 평가하였습니다.

향교 폐지문제에 대한 자산의 대응은 그러한 자산의 인물됨을 잘 보여줍니다. 당시 향교는 국정에 대한 불평불만과 당파의 온상이 있는데, 향교의 폐지를 건의 받은 자산은 이렇게 말하며 배척합니다.

좋다고 하는 것은 그대로 실행하고 나쁘다고 하는 것은 그것을 고칠 터이니 모두 나의 스승이다. 어찌 헐어버리겠느냐?

자산을 거론할 때 빼놓을 수 없는 것은 형정주조사건입니다. 자산이 법가의 일원으로 인식되는 계기가 되는 사건인데, 기원전 536년 봄 3월에 거대한 솥에 형벌조항을 새겨 일반에 공개하였던 것입니다.

이리하여 중국 역사에서 오랜 관습법의 시대가 끝나고 성문법의 시대가 도래하였습니다. 앞서 본 것처럼 법은 사회공동생활을 하면서 형성된 관습이 관습법이 되고 다시 성문법으로 진화하는 경로로 발전하며, 또 형법(벌)에서 시작하여 조직법(행정법) 등 공법분야를 거쳐 민사법 분야로 확대되고 이후 각종 사회법이 등장합니다.

당시까지만 해도 '일이 닥쳐 형을 만들고 미리 법을 두지 않는다.' '형은 알게 해서는 안 되며(刑不可知), 위세는 예측할 수 있어서는 안 된다(威不可測)'는 불문법주의, 비밀주의가 지배하였습니다. 이제 그러한 역사가 종말을 고하고 제정법주의, 공개주의의 시대가 열린 것입니다. 이에 반해 주나라의 여형(呂刑)은 형서(刑書)이고 따라서 주나라 초기부터 성문법이 있었다는 이설(異說)도 없지 않으나 적어도 형법이 제정되어 대중에게 공포된 것은 이때가 처음입니다.

자산이 형정을 주조하자 정나라뿐 아니라 이웃나라까지 벌집을 쑤셔놓은 듯 들끓었습니다. 진(晉)나라의 재상 숙향은 자산에게 편지를 보내 이렇게 비판했습니다.

선왕께서 예로 나라를 다스리고 형법을 제정하지 않으신 것은 백성이 법도에 어긋나는 마음을 가질까 두려워서였습니다. 그럼으로써 성인을 본 받아 덕으로 나라를 다스리라고 하신 겁니다. 덕치만이 임의로 백성을 부리면서도 재앙이 안 생기게 할 수 있습니다. 반대로 형법을 제정해 공개하면 백성은 법률만 알고 윗사람을 모르고 법조문만 알고 예의를 모르며, 심지어 문구를 따져 법을 피하게 됩니다. 그렇게 된다면 어찌 혼란해지지 않겠습니까?

그러나 자산은 아랑곳하지 않고 '제가 무능하여 명에 따르지는 못하오나 삼가 정중히 감사드립니다"(좌전 소공 6년)라고 답하고는 묵살해버립니다.

후대의 공자도 "형정(刑鼎)을 만들면 민중은 솥 위에 쓰여 있는 법률 조문들에만 신경을 쓰게 되니 이제 무엇으로 귀족을 존경하겠는가? 귀족에게는 지킬 가업이 어디 있겠는가? 귀천에 구별이 없어졌으니 국가는 또 어떻게 다스릴 수 있겠는가"라고 이 일을 개탄합니다.

귀족세력들, 유가들은 왜 형정주조에 그토록 반대하고 개탄한 것일까요? 백성들이 법을 분명하게 알게 되면 귀족지배계층이 더 이상 불법을 저지를 수 없고, 마음대로 백성을 다스릴 수 없기 때문입니다. 피지배계층에 대한 자의적 지배가 더 이상 불가능해지는 것입니다. 뿐만 아니라 법의 본질인 평등, 형평으로 인해 머지않아 그들 자신도 법치의 대상이 되고 말 것이라는 것을 본능적으로 인식한 것입니다.

자산은 정치에 있어 관대함(寬)과 엄격함(猛) 두 가지 수단을 적절히 병용하였으나 말년의 자산은 점차 엄격함으로 기운 것으로 보입니다. 자산이 결정적으로 법가로 분류되는 이유이기도 한데, 병이 위독하여 임종이 가까워진 자산은 유길(자대숙)이라는 사람에게 다음과 같이 말합니다.

"불은 그 기세가 맹렬하기 때문에 사람들이 겁을 먹고 피하므로 타죽는 일이 드물지만, 이에 반하여 물은 온화하기 때문에 사람들은 물을 얕보다가 빠져죽는 일이 많소. 그러니 그대가 형법을 엄하게 하면 백성은 법을 두려워하여 감히 범하려 들지 않을 것이오"

《한비자》<내저설 상>

말하자면 덕(德)보다는 형(刑)을, 관대함보다는 엄격함을 택한 것이고, 엄한 형벌의 집행이 질서유지와 범죄예방에 효율적이라고 본 것입니다.

죽형(竹刑)을 만들다

등석(鄧析)이라는 시대의 이단아를 처형한 사건도 자산의 집권 시기에 일어납니다. 등석은 정나라의 대부 직함을 가진 인물로 지배 계층의 일원이던 사람이었습니다. 등석에 관한 기록은 《열자》《좌전》《여씨춘추》 등에 산재해 있는데, 대략 이런 내용입니다.

- 등석은 형명(刑名)을 좋아하고, 양가지설(兩可之設)을 부려 무궁무진한 수사를 만들어냈다.
- 옳고 그름에 원칙이 없어 가능한 것과 불가능한 것이 날로 변했다. 승리하고자 하면 승리하게 만들었고, 유죄를 내리고자 하면 유죄를 내리게 했다.
- 소송이 있는 백성이 큰 죄이면 옷 한 벌, 작은 죄이면 저고리나 바지를 낼 것을 약속하였다. 옷을 바치고 소송을 배우려는 백성들이 부지기수였다.
- 정나라는 크게 혼란스러워졌고 백성은 이구동성으로 떠들어댔다.
- 수차례 자산의 법집행을 곤란하게 했다.
- 사전(駟顓)이 등석을 죽이면서 그의 죽형을 사용했다.

그는 오늘날로 치면 법학교수나 변호사의 원조 격인 사람으로 스스로 사학(私學)을 열어 법을 가르치는가 하면 대가를 받고 법률적 조언을 해주었습니다. 양가지설은 '둘 다 옳다' '양립 가능하다'는 뜻인데, 이는 종전 형법의 논리적 허점을 파고든 고도의 변론술을 의미합니다. 뿐만 아니라 그는 기존 형서를 대체하는 죽형이라는 사제(私製)형법을 만들기도 하였습니다.

법이란 뛰어난 개인의 창작품이 아니라 공동체의 오랜 경험과 관습의 소산입니다. 또 물리적인 힘, 강제력을 필수로 하는 국가적 현상입니다. 이러한 상식에 비추어볼 때 등석의 사례는 매우 이례적이며, 그만큼 등석이라는 인물이 독특하고 뛰어난 인물이었음을 반증하는 것이기도 합니다.

그러나 나라에 법이 둘일 수는 없습니다. 법의 제정과 운용이 오로지 관의 독점하에 있고, 관리가 곧 스승이던 시대에 그의 행동은 국법질서에 대한 도전으로 간주되었고, 결국 비참한 최후를 맞이하게 됩니다. '나라가 크게 어지러워지고 시비를 분별하지 못하게 하여 사회질서를 해친다'는 이유로 처형되었던 것입니다.

그러나 그가 사사로이 만든 죽형은 종전의 형법에 비해 보다 상세하고 치밀하다는 이유로 이후 국가의 법률로 수렴·채택되었으며, 등석이 처형될 때 적용된 것도 바로 그가 제정한 죽형이었다고 합니다. 현재 죽형은 일실되고 대신 《등석자》 2편이 전하는데, 이는 전국시대 중기 이후 등석의 추종자들에 의해 편집된 것으로 여겨지고 있습니다.

법전을 편찬하고, 정전제를 폐지하다

이회는 전국시대 위(魏) 문후 때의 재상으로 변법을 시행하여 위나라의 부국강병을 이룬 인물입니다. 그는 귀천의 구분이 없는 신상필벌을 주장하고 농업생산성(地力)의 향상과 농산물의 가격조절정책을 시행한 것으로 알려져 있습니다. 《사기》에는 '위나라에는 이회가 있었는데 땅의 힘을 다 이용하도록 가르쳤다'고 기록되어 있습니다. 뒤에 나오는 오기를 위 문후에게 추천하여 장군으로 삼게 한 인물도 바로 이회입니다.

법가로서 그의 최대 공적은 당시 각국이 시행하고 있던 법률을 수집하여 중국 최초의 체계적인 형사법전인 《법경》을 편찬한 일입니다. 상앙이 진(秦) 효공의 '초현령(招賢令)'에 따라 진나라에 들어가면서 가지고 갔다고 전해지는 것이 바로 이 이회의 '법경'입니다.

《법경》 <6편>은 도법, 적법, 잡법, 수법, 포법, 구법 등으로 구성되어 있으며, 도법은 전통적 사유재산보호법, 적법은 반역과 살상 등 방지법, 수법과 포법은 체포·구금·징벌에 관한 법, 잡법은 도법·적법 이외의 통치 질서에 관한 법, 구법은 처벌의 가중과 감경에 대한 법이라고 합니다. 오늘날의 형법과 형사소송법에 해당하는 것으로, 형벌에 의해 범죄를 통괄하던 종전 방식에서 탈피하여 먼저 죄명을 열거하고 그에 따른 형벌을 규정하는 근대적 방식을 채택하였습니다. 예를 들어 '궁전을 훔쳐보면 발을 자르고, 길에서 유실물을 주우면 다리를 자르고, 성을 넘는 자는 1인이면 죽이고, 10인 이상이면 향리와 가족까지 연좌한다' 등등으로 규정하는 방식입니다.

《법경》 <6편>이 모두 형사법이라는 것에서도 알 수 있는 것처럼, 초기의 법은 곧 형법을 말하는 것이고, 형즉법(刑卽法)이었습니다. 관습법과 성문법을 불문하고 가장 오래된 법은 형법(벌)이고, 따라서 법의 역사는 곧 형법(벌)의 역사라 할 수 있습니다.

종래의 봉건적 토지소유제도인 정전제를 폐지한 것도 이회입니다. 정전이란 영주 소유의 일정규모의 토지를 우물 정자 모양의 9개의 토지로 나누어 종속 농민들에게 경작토록 한 것인데, 이는 봉건귀족의 토지독점과 노예노동을 본질로 하는 제도였습니다. 이회는 이러한 정전제를 폐지하고 자영농의 자유노동으로 농업생산성을 발전시키고자 하였습니다. 명(明)대의 칠국고에는 '이회가 밭고랑을 없앴다'는 기록이 있는데, 여기서 밭고랑은 정전의 경계이자 배수설비였으며 따라서 '밭고랑을 없앴다'는 말은 곧 정전제를 폐지했다는 뜻입니다.

그 또한 부국강병의 일념으로 '옳고 그름을 가리기 어려운 송사는 당사자에게 활을 쏘게 하여 과녁을 맞힌 자에게 승소판결을 내렸다'고 하며, 그러자 백성들이 모두 활쏘기에 열중하여 진(秦)나라와 싸움이 벌어졌을 때 위나라는 대승을 거두었다고 합니다.

그러나 말년의 이회는 잦은 전쟁에 회의적인 태도를 보이기도 합니다. 《회남자》〈도응훈〉편에는 위무후와 이회의 다음과 같은 문답이 나옵니다.

위무후:　　오나라가 멸망한 이유가 무엇이오

이회:　　　자주 전쟁을 했고 자주 승리했기 때문입니다.

위무후:　　자주 전쟁하고 자주 승리했다면 나라의 복일 텐데 유독 멸망한 것은 무슨 까닭이오.

이회:　　　자주 전쟁하면 백성들이 힘들어지고 자주 승리하면 군주

가 교만해집니다. 교만한 군주가 힘든 백성을 부리면서
나라가 멸망하지 않는 경우는 세상에 드문 일입니다.

세경세록제를 없애다

오기는 전국시대 위(衛)나라 사람으로 노(魯)나라, 위(魏)나라에서
벼슬을 하고 장수로 활약하였으며, 이후 초나라로 넘어가 초 도왕 때
재상에 등용된 인물입니다. 병법가로도 유명하여 오자병법을 남겼고,
아내를 내쫓은 이야기와 병사의 종기를 빨았던 유명한 고사가 전해지
는 인물입니다.

오기는 초나라 도왕의 신임을 받고 중용되자 예부터 내려오는
초나라의 병폐에 대해 진언했습니다.

> 대신의 권력이 지나치게 강하고, 영주(대부)가 지나치게 많은 땅을 차지
> 하고 있습니다. 이를 그대로 내버려 둔다면 그들의 권세가 곧 군주를
> 능가할 것이며, 아래로는 백성을 학대하여 나라는 가난해지고 군대는
> 약화될 것입니다. 그러므로 영주의 땅을 회수하는 것이 필요한데, 그 방
> 법으로는 영주의 자손은 3대가 되면 작록을 회수하여 평민으로 격하해
> 버리고 불필요한 관리도 파직시킵니다. 그리고 재능 있는 인재를 발굴
> 해야 하는 것입니다.
>
> 《한비자》<화씨>

당시 초나라에서는 소씨, 경씨, 굴씨 등 세족들이 방대한 토지를
소유하고 대대로 관작을 세습하면서 막강한 권력을 장악하고 있었습

니다. 도왕이 진언을 받아들이자 오기는 3대 이상 내려온 이들의 작위와 봉록을 회수하였고, 무능하고 쓸모없는 관리를 도태시켜 재정을 절약하였으며, 대신 유능하고 숙련된 인사들을 발굴·등용하였습니다.

그뿐만이 아닙니다. 그는 구 귀족들을 사람이 살지 않는 변방의 황무지로 이주시켜서 버려진 땅을 채우고, 그 지역을 개발하도록 하는 정책을 폈습니다. 그가 도왕에게 재차 진언합니다.

> "초나라는 남아도는 것이 땅이고 모자라는 것이 백성입니다. 그런데 이제 임금님께서는 모자라는 것을 가지고서 남아도는 것을 자꾸 불리고 계시니, 저로서는 나라를 제대로 다스릴 수가 없습니다"
>
> 《여씨춘추》<귀졸>

이와 같은 오기의 변법과 특히 귀족의 특권(권력과 재산)을 박탈하여 서민과 신흥세력을 돕는 평등주의 정책으로 초나라는 빠르게 강국으로 발전하였고 큰 성과를 얻었습니다. 그러나 이것은 구 귀족을 중심으로 하는 기득권 세력의 이익에 정면으로 반하는 정책이었기 때문에 이들의 거센 반발에 부딪히지 않을 수 없었습니다. 그리고 결국 도왕이 1년 만에 죽자 수구 귀족들은 반란을 일으키고 앞서 본대로 오기는 온 몸에 화살을 맞고 고슴도치처럼 고꾸라져 파란 많은 생을 마감하였습니다.

태자의 스승을 벌하다

상앙은 위(衛)나라 귀족출신으로 위앙이라 불리기도 합니다. 위

(魏)나라 재상 공손좌 밑에서 식객노릇을 하다가 진나라의 제25대 군주인 효공의 초현령에 따라 진나라에 들어가 재상으로 등용됩니다. 2차례에 걸쳐 변법을 시행하여 진나라의 부국강병을 이루었고 후에 진나라가 천하통일을 실현하는 데 기틀을 놓은 사람입니다.

기원전 356년 상앙은 제1차 변법을 시행하는데 그 내용은 다음과 같습니다.

국가의 모든 벼슬은 전쟁에서 세운 공에 따라 준다. 적의 수급 하나마다 1계급씩 승진한다. 일보라도 후퇴하는 자는 즉시 참형에 처한다. 존비와 관작의 등급은 전공에 따라 정해지고 각기 차등 있게 전택과 신첩, 의복을 사용한다. 전공을 세운 자는 벼슬에 따라 거복을 사치하게 차려도 금하지 않는다. 전공이 없는 자는 아무리 부자일지라도 법에 의해 삼베옷을 입고 소를 타야 한다. 종실이라도 전공이 없을 때는 모두 종친부에서 그 이름을 삭제해 관작을 삭탈한 뒤 산업에 종사하게 한다. 개인적인 감정으로 사투하는 자는 이유 여하를 막론하고 참형에 처한다. 무릇 모든 백성은 십오 단위의 가호로 편성된다. 각 가호는 서로 부정을 감시하며 고발한다. 이를 어길 때에는 10호를 모두 같은 죄로 다스려 허리를 자른다. 간적을 고발하는 자는 적의 수급을 벤 것과 같은 상을 받는다. 이를 어긴 자는 전쟁에서 적에게 항복한 자와 같은 벌을 받는다. 모든 역관과 민가는 통행증이 없는 자를 재우면 법에 따라 처벌한다. 가족 내에 죄를 지은 자가 있으면 집안 식구 모두를 관가의 노비로 삼는다.

특히 문제가 된 것은 종실, 귀족의 특권을 배제하고 오로지 전공

(戰功)에 따라 처우한다는 것이었습니다. 이와 같은 새 법령이 반포된 지 1년이 되자 백성들 중에서 새 법령이 불편하다고 말하는 자가 많아지고 그 틈을 이용해 왕실, 귀족의 반발도 거세졌습니다. 왕의 태자 또한 다르지 않아서 새 법령에 대해 불평을 털어놓았는데, 이를 알게 된 상앙은 '법이 시행되지 않는 것은 위에서부터 어기기 때문'이라며, 진 효공의 재가를 얻은 뒤 태자 대신 그의 스승과 교관에게 각각 의형, 묵형을 내립니다.

형불상대부의 원칙이 무너진 데 그치지 않고 왕위를 계승할 태자의 스승과 교관마저 의형과 묵형을 당하는 지경에 이르고 만 것입니다. 그러니 왕실, 귀족들이 느꼈을 충격과 당혹감, 분노는 달리 설명할 필요가 없는 일이었습니다.

현제를 시행하다

기원전 350년에는 상앙의 2차 변법이 시행되었습니다. 주로 농업생산력을 극대화하여 부국을 실현하기 위한 방책들이었습니다.

경내의 모든 촌락은 그 현에 소속시킨다. 현마다 영승 한 사람을 둔다. 수레와 말이 다니는 도로를 제외하고 나머지 모든 교외와 광야를 개간한다. 백성은 오로지 증산에 힘써야 한다. 모든 노력을 기울여 본업인 농사에 종사하며 곡식과 비단을 많이 쌓아놓은 자에게는 요역을 면제해준다. 그러나 말업인 상공업으로 치부하거나 무위도식하며 빈곤한 자는 그 재산을 모두 몰수한 뒤 관가의 노비로 삼는다. 아들이 둘 이상 있을 때에는 반드시 별거해야 한다. 장정은 각기 국가 소정의 세금을 내

야 한다. 별거를 원치 않는 자는 혼자서 여러 사람 몫의 세금을 내야
한다.

　여기서 눈여겨 볼 것은 현(縣)제의 시행입니다. 소도·향·읍·취
등을 모아 하나의 현으로 하고, 거기에 영·승을 두었으며, 전국을 31
개현으로 편제하였습니다. 현령·현승 등 지방관은 모두 군주가 직접
임면하여 권력을 중앙에 집중시켰으며, 도량형을 통일하였습니다. 서
주 이래의 봉건제, 분봉제를 탈피하고 통일된 중앙집권 국가를 이룩
하고자 시도하였던 것입니다. 진시황이 천하를 통일한 후 전국을 36
군(郡)으로 나누고, 지방관을 파견하여 군현제도를 전면 실시한 것의
모태가 되는 정책이었습니다.
　그러나 상앙의 개혁정책도 결국 좌절을 맞이합니다. 세월이 흘
러 기원전 338년 효공이 죽고 문제의 태자가 즉위하여 혜문왕이 되
자, 공자 건은 기회를 놓치지 않고 상앙이 반란을 꾀한다고 고발을
했습니다. 복수를 위해 상앙을 무고한 것입니다. 상앙은 어쩔 수 없이
봉지인 상읍으로 도망가서 저항하다가 마침내 진나라 군대에 체포되
어 살해되고, 그의 시신은 다시 5마리 말에 의해 갈기갈기 찢겨졌으
며 일가족이 몰살되었습니다. 상앙에 대한 혜문왕과 왕실·귀족의 쌓
인 분노가 어떠했는지를 잘 보여주는 최후입니다.

전국시대의 종합지식인

　순자는 전국시대 조(趙)나라 사람으로 제나라의 직하학사에서 대
표자격인 줴주(祭主, 학장)를 여러 차례 지냈고, 후에 초나라에 귀의하

여 난릉이라는 고을의 수령을 지내다가 이후 여생을 교육과 저술에 종사한 사람입니다. 초나라 사람 이사가 순자의 제자가 된 것도 바로 그러한 인연 때문이었습니다.

순자를 단지 법가로 분류하는 것은 물론 무리가 있습니다. 그를 유가의 이단아 또는 개혁주의 유가로 평가하는 사람들도 많습니다. 그는 말하자면 제자백가를 두루 연구하고 다방면에 걸쳐 자신의 독자적인 철학적 논지를 개진한 당대 최고의 종합지식인이었습니다. 다음과 같은 그의 제자백가에 대한 평가를 보면 그가 당시의 학문과 이론에 얼마나 통달했는지 알 수 있습니다.

> 묵자는 실용에 가려서 문화의 가치를 알지 못하고, 송자는 욕망을 줄여야 한다는 것에 가려서 정당하게 얻은 것의 가치를 알지 못하고, 신불해는 법에 가려서 어진 사람의 가치를 알지 못하고, 신도는 세력에 가려서 지혜의 가치를 알지 못하고, 혜자는 언어에 가려서 실제의 가치를 알지 못하고, 장자는 자연에 가려서 인위적인 것의 가치를 알지 못했다.

그러나 성악설을 주장하고 예형병시의 입장을 견지하였으며, 한비나 이사와 같은 사람과 연결되었다는 점에서 광의의 법가로 분류할 수도 있습니다.

그는 사람의 본성으로부터 출발하여 예와 법의 필요성 및 그리고 그 둘의 상관관계를 설명하였습니다. 인간의 본성은 악하고 인간이 선한 것은 의식적인 노력의 결과이며, 그러한 인위적 노력의 결정체가 예와 법이고, 예는 법으로 발전한다고 본 것입니다.

인간의 본성은 악하다. 인간이 선한 것은 인위의 결과이다. … 그래서 성인은 본성을 변화시켜 인위를 일으키고, 인위를 일으켜 예의를 만들었으며, 예의를 만들어 법도로 제정하였다.

그는 또한 '하늘과 사람은 별개다, 자연은 자연의 법칙에 따라 운행되고 사람의 일은 사람의 노력 여하에 달려있다'고 주장합니다. 천도(天道), 천명(天命), 천지(天志), 천자(天子) 등 모든 것을 하늘(자연)과 연관 짓던 당시의 사상풍토에서 가히 혁명적인 발상의 전환입니다. 왕권신수설이니 천벌이니 하는 전통사상과 결별하는 순간입니다.

세상이 잘 다스려지는 것과 혼란한 것은 하늘에 의해서 결정되는 일일까. 해, 달, 별의 운행은 우왕 때나 걸왕 때나 모두 같았지만 우왕은 통치를 잘했고, 걸왕은 혼란을 만들었다. 그렇다면 다스려지는 것과 혼란한 것은 하늘에 의해서 결정되는 것이 아니다.

그는 법과 그 운용주체인 사람의 관계에 대해서도 주목할 만한 통찰을 보여줍니다. 법은 독립해서 효력을 발휘하는 것이 아니라 궁극적으로 그 제정, 적용, 해석의 주체인 사람에 의존하게 된다는 것입니다.

예의 활 쏘는 법이 없어진 것이 아니지만 세상에 예와 같은 명사수가 없으며, 우의 법이 여전히 존속하였지만 하의 우왕 같은 왕자가 없었다. 그러므로 법이 독립해서 효과를 거두는 것이 아니고 법규의 조례가 저절로 행해지는 것이 아니다. 그 사람을 얻으면 존속할 수 있고, 그 사람을 얻지 못하면 없어지게 되는 것이다.

《순자》<군도>

법, 술, 세

둘 다 귀하면 서로 섬길 수 없고, 둘 다 천하면 서로 부릴 수 없다.

兩貴不相事 兩賤不相使

《신자(愼子)》

상앙의 법(法)

법가의 대표자는 한비입니다. 그러나 한비가 어느 날 갑자기 법가사상을 창조한 것은 아닙니다. 선배법가들의 사상, 실천, 경험을 참고하고 거기에 자신의 생각을 보태 법가사상을 완성할 수 있었습니다. 특히 상앙의 <법>, 신불해의 <술>, 신도의 <세>를 종합하고 체계화하였습니다.

먼저 상앙의 법입니다. 상앙에게 있어 법은 '상(賞)과 벌(罰)' 그 자체입니다. 공이 있는 자에게 상을 주고, 죄가 있는 자에게 벌을 주는 것이 곧 법이고, 법의 역할이었습니다. '호리오해'와 '명리의 추구'는 인간의 본성이므로 상과 벌, 두 가지 수단으로 통제가 가능하고 그것으로 충분하다고 본 것입니다. 그 중에서도 형벌에 의한 통제를 훨씬 더 중요시하였습니다. 형이 9할이고 상이 1할입니다(刑九賞一).

잘 다스려지는 나라는 형벌이 많고 상이 적다. 그래서 천하의 제왕이 된 사람은 형벌이 9할이고 상이 1할이다. 혼란한 나라는 상이 9할이고 형벌이 1할이다.

《상군서》<개색>

상앙의 형벌사상은 경죄중형(輕罪重刑), 이형거형(以刑去刑)으로 요약됩니다. 유가의 중덕경형(重德輕刑), 이덕거형(以德去刑)과 정반대입니다. 경죄를 가볍게 처벌하면 경죄를 막을 수 없고, 그러면 중죄도 막을 수 없으므로 경죄에도 중형이 필요하다는 것입니다.

형벌을 시행할 때 경죄를 범한 자를 엄하게 처벌하면 경죄가 발생하지 않을 것이며, 그러면 중죄는 발생할 수가 없을 것입니다. … 형벌을 시행할 때 중죄를 범한 자를 엄하게 처벌하고 경죄를 범한 자를 가볍게 처벌하면 경죄를 막지 못하며, 그러면 중죄도 막을 수가 없습니다. … 그러므로 경죄를 범한 자를 엄하게 처벌하면 형벌이 없어지고 일은 해결될 것이며, 국가도 강해질 것입니다.

《상군서》<설민>

엄한 형벌이 결국 범죄와 형벌 없는 세상을 만들기 때문에 이형거형이요, 결국 덕(德)은 형벌로부터 나오는 것입니다. 《상군서》<상형> 편에 있는 다음 말은 상앙의 이러한 형벌 사상을 잘 보여줍니다.

간사한 일을 금하고 과오를 그치게 하는 데에는 엄중한 형벌보다 나은 것이 없다. 형벌이 엄중하고 범법자를 반드시 처벌한다면 백성들은 감히 시험 삼아 법을 범하지 못하므로 국가에는 형벌을 받는 사람이 없을 것이다. 국가에 형벌을 받는 사람이 없을 것이기 때문에 명확한 형벌은 사람을 죽이지 않는다고 하는 것이다.

상앙에게 법은 또한 부국강병을 위한 수단이었습니다. 춘추·전국시대 당시 부국강병의 요체는 농사와 전쟁에 있었으며, 따라서 상과 벌, 사상을 이에 맞춰 통일하였습니다. 이른바 3통(統), 즉 상의 통일, 형벌의 통일, 사상의 통일입니다. 상은 오로지 농사와 전쟁에 공이 있는 자에게 주었고, 형벌의 시행에는 친소나 귀천의 구별을 없앴으며, 법령에 맞지 않고 농전에 해가 되는 사상과 언론은 금지했습니다. 법이라는 강제수단을 통해 농전(農戰)을 위한 일사불란한 총력 동원 체제를 만들었던 것입니다.

> 고관귀족의 녹봉이 많으면 세금이 늘고 놀고먹는 식솔이 많은 것은 농업을 해치는 것입니다. 그러므로 놀고먹는 사람의 수에 따라 부세를 징수하고 아울러 그들에게 부역을 가중시킵니다. 그러면 간사하고 빈둥거리며 유세나 하면서 게으름 피우는 백성은 밥벌이 할 곳이 없게 됩니다. 백성들은 밥벌이 할 곳이 없으면 반드시 농사를 짓게 되고, 농사를 짓게 되면 황무지는 반드시 개간될 것입니다.
>
> 《상군서》<간령>

법이 사회 구성원을 상과 벌로 효과적으로 동원·통제하기 위해서는 그 내용이 알기 쉽고 메시지가 분명해야 하며, 수범자에게 행동의 방향과 손익을 뚜렷이 제시해주는 것이어야 합니다. 따라서 상앙은 이렇게 말합니다.

> 지혜로운 사람이 된 뒤에야 알 수 있는 내용을 법으로 정해서는 안 됩니다. 사람들이 모두 지혜롭지는 않기 때문입니다. 어진 사람이 된 뒤에야 알 수 있는 내용을 법으로 삼아서도 안 됩니다. 사람들이 모두 어질지는 않기 때문입니다. 성인은 법을 정할 때 반드시 명백하고 쉽게 이해할 수 있도록 만듭니다. 정확한 용어를 사용하여 어리석은 사람이든 똑똑한 사람이든 두루 알아볼 수 있도록 합니다.

그러므로 성인이 천하를 통치하면 형벌을 받고 죽은 사람이 없다는 것은 형벌을 사용해서 사람을 죽이지 않는다는 말이 아니라 행해지는 법령이 명백하고 알기 쉬우며, 법령에 대해 법관과 속리를 설치하고 그들을 백성들의 스승으로 삼아 백성들이 법령을 알 수 있도록 이끌어주며, 백성들은 모두 무엇을 피하고 무엇을 추구해야 하는지를 알게 되고, 따라서 형벌의 화를 피하고 포상의 복을 추구하면서 모두가 법령을 이용하여 자신을 단속할 수 있다는 것입니다.

《상군서》<정분>

물론 앞서 본 것처럼 상앙은 태자를 벌하지 못하고, 태자의 스승과 교관을 처벌하는 데 그쳤으며, 따라서 형벌의 통일, '형벌에는 등급과 차별이 없다'는 형무등급(刑無等級)이론이 아직 완전하게 실현된 것은 아닙니다. 그러나 이는 상앙의 한계이기보다는 시대의 한계라고 할 것입니다.

신불해의 술(術)

신불해는 전국시대 한(韓) 소후 때의 재상으로 역시 한나라 공자 출신인 한비에게 많은 영향을 끼친 인물입니다. 《사기》는 신불해에 대해 이렇게 기록하고 있습니다.

신불해는 경읍사람으로 본래는 정나라의 하찮은 신하였다. 법가의 학술을 배워 한나라 소후에게 유세하여 재상이 되었다. 그는 십 오 년 동안 안으로는 정치와 교육을 바로 세우고 밖으로는 제후들을 상대하였다. 그가 삶을 마칠 때까지 한나라는 제대로 다스려지고 군사력이 막강하여 감히 쳐들어오는 자가 없었다.

한나라가 중원의 약소국 중 하나이고 후에 진(秦)나라에 의해 제일 먼저 병합된 나라임을 생각하면 신불해의 통치가 매우 유능했음을 알 수 있습니다.

그는 군주가 신하를 통제하고 다루는 기술인 <술>의 중요성을 일찍부터 간파하였고, 나중에 한비는 이를 상앙의 <법>, 신도의 <세>와 함께 하나로 통합하여 법가사상을 완성합니다.

도가와 법가가 연결되는 지점도 바로 이 <술>과 관련됩니다. 신불해는 노자의 영향으로 무위(無爲), 허정(虛靜), 정퇴(靜退)의 통치술을 강조합니다. 신불해의 저작으로는 《申子》<대체> 1편이 전해집니다.

명군이 신하를 부림은 수레의 바퀴살이 모이듯 군주를 중심으로 돌도록 해야 한다.

천하에 무위함을 보여야 한다. 示天下無爲

오늘날 군주는 성곽을 높이고 대문이 잘 닫혔는지를 엄히 경계하여 강도나 도적의 침입에 대비하고 있다. 그러나 오늘날 군주를 시해하고 나라를 빼앗는 사람은 험난한 성곽을 넘거나 닫힌 문을 침범할 필요가 없는 사람(신하)들이다.

시샘하는 처가 집안을 망치기는 어렵지 않으며, 난신이 나라를 망치기는 어렵지 않다.

신불해의 육성은 여기까지이며, 아래는 한비가 전하는 신불해의 말입니다.

군자 된 자는 자기 본심을 신하에게 알려서는 안 된다. 군주의 마음이 밖으로 나타나면 신하는 그것을 이용하려 들 것이기 때문이다. 군주의 현명함이 나타나지 않는다면 사람들은 그 마음을 짐작할 수 없어 어리 둥절하게 마련이다.

그대의 말을 삼가라. 타인이 그대의 마음을 탐지하려고 하기 때문이다. 그대의 행동을 삼가라. 사람들이 그 행동에 의해 그대를 추종하려 하기 때문이다. 또 그대의 지혜가 뛰어나다는 것을 알게 되면 사람들은 그대 에게 모든 일을 숨기고, 그대가 무지하다는 것을 알게 되면 사람들은 그대를 기만하려고 할 것이다. 그러므로 말하기를 '자기의 마음을 드러 내는 일 없이 아랫사람의 마음을 능히 살펴 이에 대응해 나가지 않으면 안 된다'고 한 것이다.

주위 사람들에게 마음이 이끌리지 않는 확고한 정견을 명(明)이라 하고 또 주위에 무슨 일이 일어나도 그것에 마음을 쓰지 않고 조용한 마음으로 사물을 듣는 것을 총(聰)이라 한다. 이와 같이 명과 총에 의하여 능히 홀로 판단할 수 있는 자는 천하의 주인이 될 수 있다.

《한비자》 <외저설 우상>

진시황은 천하를 통일한 후 스스로를 짐(朕)이라 칭했는데, 짐은 '조짐'이나 '징조'를 뜻하는 말입니다. '군주는 본색이나 호불호를 드러내서는 안 된다'는 법가사상, 특히 신불해의 술 사상의 영향이 깊이 침투한 것입니다.

신도의 세(勢)

신도(愼到)는 전국시대 조(趙)나라 출신의 학자, 사상가로 제나라의 직하학사에서 공부한 인물입니다. 다른 법가들이 대체로 현실정치에 몸을 담고 있었던 데 비해 신도는 오로지 학문연구에 몰두한 것으로 알려져 있습니다. '신도가 12론(論)을 지었다'거나 '신자 42편'이라는 기록도 있으나 현재 전해지는 것은 《신자(愼子)》 7편과 다른 책에 인용된 그의 글입니다.

그는 국가 통치에 필요한 여러 요소(禮, 法, 刑, 政) 중에서 특히 권세, 세력의 중요성을 강조하였습니다. 군주는 법, 술뿐만 아니라 그 전제로써 강력한 권세를 가지고 있어야 한다고 본 것입니다.

현자이면서 불초한 사람에게 굴복하는 것은 권세가 가볍기 때문이다. 불초함에도 현자를 굴복시킬 수 있음은 지위가 높기 때문이다. 요임금도 필부였다면 그 이웃집마저 부릴 수 없었을 테지만, 남면(南面)하여 왕이 되니 명령이 행해지고 금하는 것이 그치게 되었다. 이렇게 볼 때 현자라고 하여 불초한 사람을 굴복시킬 수 없으며, 위세만이 현자를 굴복시킬 수 있다.

권세를 위해서는 권력이 둘로 나뉘어서는 안 되며, '법을 숭상할 뿐 현인을 숭상하지 않아야 한다'고 보았습니다. 유가, 묵가를 비롯하여 상현(尚賢)의 전통이 만연한 당대의 현실에서 이는 매우 충격적인 주장이었습니다. 정치권력은 군주에게 일원화되어야 하고, 정치는 사람(우연)이 아니라 법과 제도에 의해 운영되어야 한다고 본 것입니다.

군주가 세워졌음에도 현인을 숭상한다는 것은 현인과 군주가 다툰다는 말이다. 그 혼란은 군주가 없는 것보다 심하다.

그의 세론(勢論)에서 특히 탁월한 점은 이러한 권세의 원천, 근원을 다른 무엇이 아닌 대중의 지지(得助於衆)에서 찾았다는 것입니다. 그는 '대중의 지지를 얻으면 성공하고 잃으면 실패하'며(得助則成 釋助則廢), '포용하지 않음이 없으면 수하가 많아지고, 수하가 많은 것이야말로 최고(太上)'라고 하였습니다. '군주는 곧 다수(무리)다(君者群也)'라고 본 것입니다.

두 개의 몸, 하나의 영혼

진은 천하를 통일했으며 왕을 높여 황제라고 했고 이사를 승상으로 삼았다. 군과 현
의 성벽을 허물고 그 무기들을 녹여서 다시는 사용하지 않겠다는 의지를 보여주었다.
한 척의 땅도 봉해주지 않고 자제를 세워서 왕으로 삼지 않았으며 공신을 제후로 삼
지 않았다. 이것은 뒷날 내란의 우환을 없애기 위함이었다.

<이사열전>

법가의 막내들

법가가 제자백가의 막내라면 한비와 이사는 법가의 막내들입니다. 한비가 법가의 사상을 집대성하고, 이사가 현실 속에서 그 이상을 실천하여 중앙집권적인 통일국가를 이룩한 것은 그들의 비범한 재능뿐만 아니라 이처럼 시대의 막내로 태어난 행운도 한 몫 했습니다. 시대의 막둥이로 태어난 덕분에 선배법가들의 사상과 실천을 총화할 수 있었던 것입니다.

법가의 대표자는 두말 할 것도 없이 한비입니다. 한비는 전국시대 말기 한(韓)나라의 서공자 출신으로 상앙의 법(법률과 상벌), 신불해의 술(관리의 선발과 감독·통제), 신도의 세(권위과 위세)를 집대성하고 통합하여 법가사상을 완성합니다. 흔히 통치술의 고전, 정치학의 교과서로 마키아벨리의 군주론을 거론하지만 한비는 그보다 1,700년이나 앞선 시기에 이미 매우 실증적이고 심도 깊은 군주론, 통치술을 전개하였습니다.

그는 말더듬이었으나 저술에 능한 사람이었고, 조국 한 나라가 쇠약해짐을 보고 왕에게 자주 간하였으나 채택되지 않자 나라의 현실에 대한 염려와 울분으로 고분, 오두 등 10만자 분량의 글을 지었습니다. 그의 글이 유전되어 진(秦)나라의 영정(진시황)이 이를 읽고는 '이 사람을 만나서 서로 이야기를 할 수 있다면 죽어도 여한이 없겠다'고 감탄하였다고 전해집니다.

진나라가 천하통일을 위해 육(六)국 중 가장 약소한 한나라를 공격하려 하자 존한책(存韓策)을 들고 진나라에 사자로 갔으며, 뜻을 이루지 못하고 이사의 모함으로 옥중에서 독살되고 맙니다.

이사는 전국시대 초나라 상채 출신으로 순자에게서 수학하고 진나라로 가서 정위(오늘날 법무부장관)와 승상(재상)을 역임하였습니다. 진시황(영정)을 도와 6국을 통일하고 통일제국 진나라를 건설하는 데 핵심적인 역할을 담당한 인물입니다. 그러나 진시황 사후 환관 조고와 공모하여 막내아들인 호해를 2세 황제로 옹립하고 장자인 부소와 몽염을 자살케 하여 진의 멸망에 원인을 제공하였으며, 마침내 조고의 참소로 투옥되었다가 비참하게 처형되었습니다. 2세 황제 2년 7월 함양의 거리에서 묵형, 월형, 비형, 궁형, 대벽을 차례로 받고 마지막으로 작두에 허리가 잘리는 요참(腰斬)형에 처해졌던 것입니다.

진시황의 업적은 이사의 보좌가 없었다면 결코 불가능한 것이었으나, 진시황 사후 대의명분을 지키지 못하고 조고와 함께 황권을 찬탈함으로써 결국 진나라를 멸망의 수렁으로 밀어 넣고 말았습니다.

존한론

진나라가 조국 한나라를 침공할 기세를 보이자 한비는 '존한책'을 들고 진나라로 들어갑니다. 진왕 정이 직접 한비를 사자로 지목한 것인지 아니면 한비가 자청하여 진나라에 들어간 것인지는 논란이 있습니다. 존한책은 한마디로 '한나라를 침공하는 것은 옳지 못하며 진을 위해서는 오히려 존속시키는 것이 이롭다'는 주장입니다. 한나라를 공격하지 말고 먼저 형나라와 위나라를 무마한 후 한나라와 연합하여 조(趙)나라를 치자는 것입니다.

비록 서자 신분이지만 왕실의 일원이었던 한비가 조국의 운명에 둔감할 수는 없었겠지만 한편 천하통일과 중앙집권국가라는 시대의 요구와 대의의 관점에서 보면 한비의 '존한론'은 명분이 부족하고 궁색한 것이었습니다. 한비는 진왕에게 다음과 같이 글을 올립니다.

진나라 대신들의 계책을 들었기에 말씀드리고자 하는데, 그들은 군대를 일으켜 한나라를 치고자 하고 있습니다. 한편 조나라는 군사들을 모으고 합종의 책사들을 기르며 각국의 군대와 연대하여 진의 세력을 견제하지 않는다면 진에 멸망당할 것이라고 설명하면서 서쪽으로 진나라를 치고자 하는 계획을 오랫동안 유지해왔습니다. 만일 그들의 야심을 경계하지 않고 신하와도 같은 한나라를 공격한다면 천하의 제후들로 하여금 조나라의 합종책을 따라야 할 것이라고 깨닫게 해주는 것이나 다름이 없습니다. … 한나라가 진을 배반하면 위나라가 호응할 것이며 조나라도 반드시 이 기회를 틈타서 제나라를 믿고 원조할 것입니다. 이와 같이 한다면 한, 위로써 제와 조를 돕게 하는 것이며 합종의 역량을 강화시켜 진나라와 더불어 싸우게 하는 것이나 다름이 없습니다. 이것은 조나라의 복이며 진나라에는 화인 것입니다.

… 소신의 어리석은 계책은 이렇습니다. 사신을 형나라로 보내시어 현재 형의 권력을 잡고 있는 대신에게 후한 뇌물을 바치면서 조나라가 여러 차례 진나라를 속였던 실정을 설명하는 것입니다. 또한 위나라에는 왕자를 볼모로 보내어 진을 믿게끔 하고 나서 한나라를 이끌고 조를 치십시오. 이렇게 되면 설사 조와 제가 연합하여 대적한다고 하더라도 걱정할 것이 없습니다. 조와 제 양국을 격파한 이후에 한나라는 한통의 서신이면 해결될 수 있습니다.

그러자 이사가 이에 반대하여 진왕에게 진언합니다. 진이 조·제나라와 총력전을 펼치면 한나라는 즉시 배반할 것이며 한비의 계책은 진의 정벌을 면하려는 것이므로 군대를 파견하고 한왕을 억류하라는 것입니다.

한이 진을 신하처럼 섬기는 것은 결코 정의를 따르기 위해서가 아니라 진의 위세를 두려워해서입니다. 따라서 진이 총력을 집중하여 제와 조 두 강국과 겨루게 될 때 한나라는 인체 내부의 병과 같이 즉시 발동하기 시작할 것입니다. … 한비가 진에 온 것은 한나라를 진의 정벌로부터 면하게 하여 그 공로로써 한에서 중용되고자 해서입니다. … 진나라는 군대를 출동시키면서 어느 나라를 칠 것인가를 유포하지 않는 것입니다. 그러면 한의 대신들은 침공 받을 것을 두려워하여 이전처럼 신하로서 진을 섬기는 방법을 채택할 것입니다. 또한 폐하께 청하옵건대 신 이사로 하여금 한왕을 만나러 가게 하여 주십시오. 그에게 진나라로 오도록 권해서 폐하를 뵙게 할 것인데 한왕을 접견하고는 즉시 억류하여 돌려보내지 않는 것입니다. 연후에 한의 중신들을 모두 불러 한왕의 안위를 담보로 대가를 요구하신다면 한의 영토를 마음껏 침탈할 수 있을 것입니다.

이사의 진언을 들은 진왕은 한비를 의심하여, 옥에 가두고 마침내 이사에 의해 한비는 은밀히 독살됩니다. 그가 진왕에게 올린 '존한책'이 채택되지 않은 것은 물론입니다.

통일제국 진

한비가 죽고 3년 만에 한나라가 제일 먼저 진에 의해 병합됩니다(기원전 230년). 이어 차례로 위나라(기원전 225년), 초나라(기원전 223년), 조나라(기원전 222년), 연나라(기원전 222년)가 병합되고, 최후로 제나라마저 병합되어 기원전 221년 마침내 진에 의해 전국통일이 이루어집니다. 한나라가 멸망한지 거의 10년 만의 일입니다.

마침내 오랜 춘추`전국시대가 종료하고 통일제국이 수립된 것입니다. 진시황은 난세가 종식되었다는 것을 널리 알기 위해 열국에서 사용하던 무기를 모두 수도 함양에 모은 뒤 이를 녹여 종과 북을 매다는 종거와 금으로 만든 사람 인형 12개를 만들었습니다. 금인(金人)의 무게는 각기 1천석 120근에 달했습니다.

진시황은 전설시대 삼황과 오제의 존호에서 황과 제를 결합하여 스스로 황제라고 칭하였고 황제의 명을 제, 령을 조, 인장을 새라고 하였고 짐이라고 자칭하였습니다. 왕의 자칭인 과인(寡人)이 '덕이 부족한 사람'을 뜻하는 것으로 유가의 유산이라면 제의 자칭인 짐은 '조짐' '징조'의 뜻으로 법가의 통치술을 반영한 것입니다. 신하들은 천자의 소리만 들을 뿐 얼굴을 볼 수도 없고 생각과 호불호도 알 수가 없다는 것입니다.

시호도 바뀌어 시황제, 2세 황제, 3세 황제로 칭하도록 하였습니다. 군주가 죽은 뒤 생전의 행적을 가지고 정하는 것이 시호인데, 이는 결국 아들이 아비를, 신하가 군왕을 논하는 것이니 금하도록 하고 순서에 따라 시황제, 2세 황제, 3세 황제 등으로 부르게 한 것입니다. 전국을 36개의 군으로 편재하고 군 아래에 현을 두어 군현제를 전면 실시하고 도량형과 문자도 통일합니다.

오로지 법으로 교화하고 관리를 스승으로 삼도록 하여 자유로운 학문연구를 일체 금지하였습니다. '분서갱유'사건은 그 단적인 실례입니다.

'경죄중형'의 원칙에 따라 형벌 또한 엄혹하여 종래의 오형에다가 사형의 종류만 해도 기시, 요참, 거열, 육사, 효수, 부복, 부팽, 책, 생매, 착전, 추협, 낭복 등 10여 종이 있었습니다. 모반자는 요참에 처하고 그 부모·처자·형제는 나이를 묻지 않고 모두 기시형에 처하는 등 연좌형, 족형(族刑)이 시행되었습니다.

진의 법제인 진율(秦律)은 여전히 형법, 조직법(행정법)이 중심이었으나 민사관련법이 제정되어 그간 관습이나 예에 따르던 민사관계를 새로이 규율하게 되었고, 형법의 반사적 효과로 보호되던 재산권이 성문 민사법에 의해 보호되기 시작하였습니다.

그러나 가혹하고 촘촘한 법을 피해 도망하거나 유랑하는 사람이 늘어나고 일반 백성들의 원성이 적지 않았으며, 그리하여 진을 대체하고 등장한 한고조 유방은 3가지 법(살인자는 사형에 처하고, 남을 상하게 하는 자와 도둑질한 자는 처벌한다) 외에는 진의 법을 모두 폐지하여 민심에 부응코자 하였습니다.

통일제국 진의 건국은 매우 역사적 사건이었으며, 오늘날 중국을 칭하는 차이나(china)라는 말도 진(chin)제국의 명칭에서 비롯되었습니다. 그리고 이때부터 중국은 2,000년의 세월을 건너 20세기 초 청나라가 멸망할 때까지 절대군주의 중앙집권국가체제를 세우고 지키기를 반복하게 됩니다.

유가냐 법가냐

국사에 적합한 조치가 아닌데도 선왕의 말씀이라고 하여 무조건 그대로 따르려고 하는 것은 마치 신발을 사러 장에 갔다가 발의 치수를 적어 놓은 종이(탁)를 두고 왔다고 하여 사지 못하고 돌아가는 일과 같은 것입니다.

《한비자》 〈외저설 좌상〉

사상투쟁

춘추·전국시대에는 유가, 도가, 묵가, 법가 등 다양한 사상적 유파가 존재하고 있었습니다. 각기 표방하는 가치와 이상은 달랐지만 모두 춘추·전국 당시의 혼란과 민생의 피폐를 어떻게 종식할 것인가 하는 공통된 문제의식을 가지고 있었습니다.

춘추·전국시대에 백가가 쟁명한 것은 이 시대가 대혼란, 격변의 시대였다는데 주된 원인이 있지만 한편으론 정치적 수요, 공급의 법칙이 작동한 측면도 있습니다. 제후국들이 난립하여 각기 경쟁적으로 부국강병책과 인재를 구한 것이 정치적 수요의 측면이라면, 생산노동에 종사하지 않은 다수의 사민(士民)계층의 존재는 정치적 공급의 측면입니다. 사민계층에 있어 정치참여는 존재이유이자 생계수단이었으며, 이들은 어진 군주를 찾아 '아침에는 진(秦)나라, 저녁에는 초(楚)나라'를 전전하였습니다. 공자나 맹자의 주유(周遊)는 그 전형적인 사례라 할 수 있습니다. 이처럼 수요도 많고 공급도 많으니 백화(百花)가 제방(齊放)하게 된 것입니다.

백가쟁명의 초기에는 양주와 묵적, 유가와 묵가, 유가와 도가간의 대립이 주를 이루었습니다. 양주(楊朱)는 '털 하나를 뽑아 온 천하를 이롭게 한다 할지라도 하지 않겠다'고 한 사람으로 극단의 개인주의, 유아(唯我)주의를 대표합니다. 당연히 묵적(墨翟)의 집단주의, 겸리(兼利)주의와 정면으로 대립됩니다. 양주와 묵적의 대립은 근원적으로 인간의 모순적 본성(이기성과 이타성, 개인성과 집단성)에서 비롯된 것으로 그 뿌리가 깊은 것이며, 맹자는 '양주와 묵적의 이론이 온 천하에 가득 차 있어 천하의 이론은 양주에게로 귀착되지 않으면 묵적에게로 귀착되고 있다'고 개탄하였습니다.

유가와 묵가의 대립은 본질적으로 인(仁)과 겸애(兼愛)의 대립입니다. 유가의 인(仁)에 대해 묵가가 이를 '친·소, 존·비에 따른 차별애'라면서 '겸애'와 '평등'을 주장하자, 유가는 '제 부모와 임금도 몰라보는 것'이라고 대응합니다. '초상이 나면 먹거리, 입을 거리가 생겼다고 희희낙락 한다'는 조롱에 대해서는 '예의와 염치도 모르는 소치'라고 반박합니다.

유가와 도가의 대립은 '유위(有爲)'와 '무위(無爲)'의 대립입니다. 유가가 인위적인 노력을 통해 '인(仁), 의(義), 예(禮), 지(知)'의 사회를 세우려고 하는 것에 반해, 도가는 오히려 모든 인위적인 제도와 노력을 갈등의 원인으로 파악하고, 사물의 자연적 본성과 흐름에 맡기자고 주장합니다. '도(道)를 잃은 뒤 덕(德)이요, 덕을 잃은 뒤 인(仁)이다. 인을 잃은 뒤 의(義)요, 의를 잃은 뒤 예(禮)다. 예란 진실한 믿음이 약해진 것이고 혼란의 근원이다'라고 말합니다. 한쪽(도가)에서는 '되지도 않을 일을 한다'고 비판하고, 다른 쪽(유가)에서는 '새나 짐승의 무리와는 함께 할 수 없다'고 말합니다.

물론 앞서 대동사회에서 본 바와 같이 유가(공자)도 궁극적으로 무위의 정치를 가장 이상적인 것으로 보았고 따라서 유가는 유위에서 무위를 지향한 반면 도가는 무위에서 무위를 지향하였다고 할 수 있습니다.

법가는 제자백가 중에서도 가장 후발주자라고 할 수 있는데, 기존의 유가뿐만 아니라 묵가와 도가에 대해서도 매우 비판적인 태도를 견지하였습니다. 평등을 주장하고 법(치)의 필요성을 인정한 점에서 법가와 공통점을 갖는 묵가에 대해서도 상앙은 '여섯 가지 기생충'의 하나라고 일괄하는데, 주로는 묵가의 비공(非攻)과 수전(羞戰) 때문이었습니다. 묵가는 '크고 작은 나라를 막론하고 모두 하늘의 고을이며, 나이가 많고 적고 귀하고 천하고를 막론하고 모두 하늘의 신하다'고 하였고, '하늘의 백성을 시켜서 하늘의 고을을 공격하고 하늘의 백성들을 찔러 죽인다'며 전쟁을 반대하고 평화를 주장하였는데, 이는 부국강병과 겸병전쟁을 통해 천하를 통일해야 한다는 법가의 생각과는 전혀 달랐습니다.

도가에 대해서도 마찬가지입니다. 도가와 법가는 무위허정의 통치술에 있어서는 뿌리를 같이 하나 한편 법가는 도가의 무정부주의적 경향과 전쟁혐오에 대해서 명백히 반대합니다.

인치(仁治)와 법치(法治)

전국시대 말기에 이르러 가장 치열하게 대립한 것은 유가와 법가입니다. 유가와 법가의 대립은 기본적으로 '인치(仁治)'와 '법치(法治)'의 대립입니다. 전자가 '덕으로 이끌고 예로 다스리는 것'을 말하는 것이라면 후자는 '법으로 이끌고 형벌로 다스리는 것'을 말합니다.

이와 같은 인치와 법치의 대립은 근본적으로 그들의 인간관, 세계관의 차이에서 비롯되는 것입니다. 유가는 성선설의 입장에서 지도층의 모범과 교육을 통해 인간의 선한 본성을 확대·강화하고자 하였습니다. 반면 법가는 성악설의 입장에서 법과 형벌을 통해 인간의 악한 본성을 통제하고자 하였습니다. 유가가 인간의 발전가능성을 신뢰하고 이기적 욕망을 극복하고자 한 반면 법가는 인간의 변화가능성을 불신하고 이기적 욕망을 긍정`활용코자 하였습니다. 유가가 지배층에 국한하던 예를 피지배층까지 끌어내려 예로 일원화하려 하였다면 법가는 피지배층에 국한되던 형을 지배층까지 끌어올려 법으로 일원화하고자 하였습니다.

유가와 법가의 대결이 격렬했던 것은 그것이 단순히 세계관의 차이를 넘어 매우 현실적이고, 정치적인 성격을 띤 것이었기 때문입니다. 계급적 측면에서 보면 유가는 당시의 지배계층, 왕실귀족을 대변하였고, 법가는 피지배계층 특히 자영농, 부농, 신흥지주 등을 대변하였습니다. 유가가 왕실귀족들의 토지독점체제이자 연합지배체제인 봉건제를 유지하고자 한 반면, 법가는 이를 해체하여 토지사유제를 시행하고, 중앙집권적인 통일국가를 이룩하고자 하였습니다.

현실정치의 중심으로 침투한 법가가 왕실 귀족과 지배계층의 특권을 제약하고 봉건질서를 타파하는 역할을 하였기 때문에 이를 옹호하는 입장에 있던 유가와 끊임없이 충돌하였던 것입니다.

유가가 말하는 '인치'는 '어진 군주, 현능한 관료, 착한 백성'을 전제로 합니다. 그러나 현실의 군주가 항상 어진 것도 아니고, 관료나 백성들이 천사도 아닙니다. '인치'는 '사람, 특히 통치자의 능력과 품성 여하'에 의존한다는 점에서 본질적으로 '사람의 지배'를 뜻하며, 법가가 이러한 인치에 반대하는 것은 너무 당연합니다. 특히 백성을 교화하는 것은 한계가 있고 그들이 선한 행동을 할 것을 기대할 것이 아니라 악한 행동을 하지 못하도록 하는 것이 더 현실적이고 현명한 대책이라고 생각합니다.

성인이 나라를 다스릴 때 백성들이 자신을 위해 착한 행동을 할 것이라고 기대하지는 않는다. 오히려 그는 백성들이 악한 짓을 하지 못하도록 방법을 찾는다. 백성들이 자신을 위해 착해지기를 바란다고 해도 나라 안에서 그 같은 사람은 열 사람도 찾기 힘들 것이다. 따라서 백성들이 사악한 짓을 하지 못하도록 법률로써 다스린다면 온 나라를 반듯하게 통제할 수 있을 것이다. 정치를 하는 사람은 수많은 백성들을 상대로 한다. 소수의 백성을 상대하지 않기 때문에 덕화에 힘쓸 수 없고 법률로써 다스리는 데 힘을 쏟을 뿐이다. 곧은 화살을 얻고자 하는데 저절로 곧게 된 화살을 찾는다면 백 년이 지나도 화살은 한 개도 얻지 못할 것이다. 수레바퀴를 얻고자 하는데 저절로 둥글게 된 나무를 찾는다면 천 년이 걸려도 수레바퀴는 얻지 못할 것이다. … 저절로 곧게 자란 대나무나 자연적으로 자란 둥근 나무가 설령 존재한다고 해도 뛰어난 기술자는 그것을 귀중하게 생각하지 않는다. 왜 그런가? 수레를 타는 사람은 한 사람이 아니고 화살 또한 한 개만 필요한 것이 아니기 때문이다.

《한비자》〈현학〉

백성들은 본래 권력과 위세에 복종한다. 또한 백성들 가운데 의로운 마음을 품고 추종하는 자는 적다. … 그럼에도 오늘날 유학자들은 임금에게 반드시 권력과 위세를 잘 이용하라고 설득하지 않고, '힘써 인과 의를 실천하면 세상을 다스리는 임금이 될 수 있다'고 말한다. 이것은 세상의 임금이 반드시 공자 같은 사람이 되기를 바라는 것이고, 세상의 모든 백성들이 공자의 제자가 되기를 바라는 것이다.

《한비자》〈오두〉

선왕주의와 후왕주의

선왕(先王)주의는 말 그대로 선왕의 정책으로 나라를 다스려야 한다는 유가의 주장입니다. 멀리는 요·순 임금부터 하나라 우왕, 은 나라 탕왕, 주나라 문·무왕 등 역대 성왕들의 덕치와 예치로 나라를 다스려야 한다는 것입니다. 덕(德)이란 말은 본래 '천명에 순종하고 선왕을 따르는 것'을 의미했습니다. 반면 법가는 변화된 현실에 맞게 새롭게 법을 세우고 고쳐서 나라를 다스려야 한다고 봅니다. 오늘의 문제는 오늘의 해법으로 풀어야 한다는 것입니다. 후왕(後王)주의라고 도 하고, 금왕(今王)주의라고도 합니다.

유가를 보수주의, 법가를 진보주의로 분류하는 이유도 여기에 있습니다. 전통의 존중, 과거의 계승이 보수주의의 특징이라면 새로 운 것을 찾고 변화와 혁신을 추구하는 것이 진보주의의 속성이기 때 문입니다.

《상군서》<경법>편에는 진(秦)나라 효공과 세 명의 신하(상앙, 감룡, 두지)들의 다음과 같은 대화가 실려 있습니다.

효공: … 이제 나는 법을 고쳐 나라를 다스리고 풍속과 예절을 바꾸어 백성을 가르치고자 합니다. 그런데 세상 사람들 이 나에 대해 이러쿵저러쿵 말들을 할까 봐 두렵습니다.

상앙: … 법은 백성을 사랑하기 위한 방법이고 풍속과 예절은 일을 편리하게 하기 위한 수단일 뿐입니다. 그러므로 성 인은 진실로 나라를 강력하게 할 수만 있다면 구태여 옛

법을 본받지 않았고, 진실로 백성을 이롭게 할 수만 있다면 옛 풍속과 예절을 따르지 않았습니다.

감룡: … 성인은 풍속과 예절을 바꾸어 백성들을 가르치지 않
           고, 지혜로운 자는 법을 바꾸어 나라를 다스리지 않는다
           고 들었습니다. 백성들에게 익숙한 풍속과 관습을 좇아
           가르치면 애쓰지 않아도 공로를 이루고, 이미 시행하고
           있는 법을 좇아 백성들을 다스리면 관리도 익숙하고 백
           성도 편안해할 것입니다. …

상앙: … 하나라·은나라·주나라 시대에는 풍속과 예절이 같지
           않았습니다. 그럼에도 제국을 건설하고 왕업을 시행했습
           니다. 춘추시대 제나라의 환공과 진나라의 문공, 진나라
           의 목공, 초나라의 장왕, 월나라의 구천과 같은 오패들
           은 법이 같지 않았으나 제후들의 우두머리 노릇을 하였
           습니다. …

두지: 신은 100배의 이익이 없으면 법을 바꾸지 않고, 10배의
           공로가 없으면 예법에 따른 그릇을 바꾸지 않는다고 들
           었습니다. 또 옛 법을 본받으면 허물이 없고 예절을 좇
           으면 사악함이 없다고 들었습니다. …

상앙: … 두지 대부께서는 어떤 옛 법을 말씀하시는 것입니까?
           옛 제왕들은 각자 다른 예절을 사용했는데, 두지 대부께

서는 어떤 옛 예절을 따르겠습니까? … 예절이나 법은 시대의 변화에 맞게 만드는 것입니다. 처벌과 명령은 그 시대 변화에 맞추어 하는 것이고, 군대의 병기와 갑옷 그리고 제사에 사용하는 기물들 역시 각각 사용하기에 편리하도록 바꾸는 것입니다. … 예로부터 세상을 다스리는 방법은 한 가지만 있는 것이 아니고, 나라를 편안하게 한다면 구태여 옛 법을 따를 필요가 없다고 했습니다. 은나라의 탕왕이나 주나라의 무왕은 옛 법을 따르지 않고도 번영을 누렸고, 하나라의 걸왕과 은나라의 주왕은 옛 법을 바꾸지 않았는데도 멸망했습니다.

선왕의 정책을 답습하는 것이 오늘날의 대책이 될 수 없다는 점에 대해서 한비는 수주대토의 고사와 '탁과 발'의 비유를 들어 설명하기도 합니다. 과거의 일은 재현되기 어렵고, 발(오늘)을 놔두고 탁(과거)에 얽매이는 것은 어리석은 짓이라고 설파한 것입니다.

어느 날 송나라 사람이 밭을 갈고 있었다. 그 밭의 한가운데에는 나무 그루터기가 있었는데 토끼 한 마리가 갑자기 달려와 그루터기에 부딪혀 죽었다. 이것을 지켜 본 농부는 그 후 쟁기를 버리고 그루터기만을 지켜보면서 다시 토끼를 얻고자 했다. 그러나 그 농부는 다시는 토끼를 얻지 못했다. 오히려 송나라 사람들의 비웃음만을 살 뿐이었다. 오늘날 옛 성왕들이 나라를 다스린 방법으로 세상 사람들을 다스리고자 한다면 그것은 마치 그루터기를 지킨 송나라 사람의 어리석음과 같다고 할 수 있다.
《한비자》 <오두>

《회남자》〈범론훈〉〈설림훈〉에도 이러한 법가의 사상이 일부 투영되어 있고, 각주구검(刻舟求劍)의 고사도 인용됩니다. 각주구검의 고사 또한 단지 어리석은 사람 이야기가 아니라 '배의 위치가 달라지는 것처럼 시대와 풍속은 바뀌므로 각주(과거)는 구검(현재)의 대책이 될 수 없다'는 메시지입니다.

오늘날 세상의 법전은 시대에 따라 변화하고 예의는 풍속에 따라 바뀌는데, 학문을 하는 사람들(유가)은 선배들을 따라 학업을 계승하고 전적에 의거해 옛 가르침을 지키면서 이것이 아니면 다스려지지 않는다고 생각한다. 이것은 마치 네모난 자루를 잡고 둥근 구멍에 끼우는 것과 같은 일이어서 알맞게 고정시키려고 하지만 어려운 일이다.

한 시대의 도덕이나 제도 등의 척도를 가지고 천하를 다스리는 것은 마치 손님이 배를 타고 강을 건너다 칼을 잃어버리자 급하게 뱃전에 표시를 하고 저녁에 배가 도착하자 잃어버린 칼을 찾는 것과 같아서 사물의 이치를 알지 못함이 지극히 심한 것이다.

화(和)와 동(同)

유가는 천자, 제후, 대부, 서인, 노예로 이어지는 위계적 등급질서와 예와 형으로 대별되는 이원적 규범을 인정하였습니다. 뿐만 아니라 친·소, 장·유, 남·녀, 적·서의 차별을 긍정하고 이를 제도화하였습니다. 이러한 분열의 질서를 대표하는 것이 한마디로 '예(禮)'입니다. 문제는 이러한 차별로 인한 공동체의 갈등과 분열을 어떻게 극복

할 것인가 하는 것이었고, 유가는 이를 음악과 정치를 통해 최종적으로 융화하고자 하였습니다. 말하자면 '다름을 전제로 하여 그 속에서 조화'를 추구한 것입니다.

예의 운용에는 조화가 귀하다.

《논어》 <학이 편>

시로 일어나고 예로 서며 음악으로 완성한다.

《논어》 <태백편>

禮라, 예라 말하는 것이 옥이나 비단만을 말하는 것이겠느냐? 樂이라, 악이라 말하는 것이 종이나 북만을 말하는 것이겠느냐?

《논어》 <양화 편>

유가의 주장이 이처럼 화(和)의 논리, 즉 '다름 속에서 조화의 추구(和而不同)'라면 법가의 주장은 동(同)의 논리입니다. '조화가 아니라 같음을 추구(同而不和)'한 것입니다. 물론 법가가 춘추·전국 당시의 신분질서 자체를 부인하고 이를 철폐하고자 한 것은 아닙니다. 다만 왕실귀족의 부당한 특권을 제약하고자 하였으며, 법(상과 벌)의 평등한 적용을 주장하였습니다. 그 점에서 신분질서를 근본적으로 부인하고 평등과 겸애를 주장하는 묵가와 구별됩니다.

법이란 신분이 귀한 사람이라 하더라도 봐주지 않는다. 그것은 마치 굽은 모양에 따라 먹줄을 굽혀서 사용하지 않는 것과 같은 이치이다. 법이 집행되면 아무리 말솜씨가 좋은 사람이라도 자신의 변술을 이용해 벗어날 수 없고, 아무리 힘이 뛰어난 사람이라도 감히 싸워 이길 수 없는 것이다. 죄를 벌하는 데 있어 고관대작이라도 그 죄를 피하지 못하고 착한 행동에 상을 주는 데 있어서 아무리 미천한 사람이라도 빼놓지 않는다.

《한비자》<유도>

형벌을 통일시킨다는 것은 형벌에 등급차별이 없다는 말입니다. 경상·장군으로부터 대부·서인에 이르기까지 국왕의 명령을 따르지 않는 자, 국가가 금지한 바를 범한 자, 위에서 제정한 법도를 어지럽힌 자가 있으면 모두 사형을 내리고 절대로 용서하지 말아야 합니다.

《상군서》<상형>

군신공치와 군주주권

군자(君子)는 말 그대로 임금의 자식들, 즉 제후, 대부 등 지배계층을 뜻하는 말이었습니다. 이를 '학식과 덕망을 갖춘 사람'으로 바꿔 놓은 것이 유가의 시조인 공자입니다. 이를 통해 '신분에 의한 통치'를 '능력에 의한 통치'로 바꾸고자 한 것입니다. '연못에 물이 마를 수는 있어도 나라에 인재가 없는 경우는 없다(택유무수澤有無水 국무무사國無無士)'고 생각했고, 현능한 인재를 대거 정치에 진출시켜 군주를 보좌, 견인하고 인치와 덕치를 실현해야 한다고 생각하였습니다.

말하자면 유가는 군주와 신하의 공치를 주장한 것이고, 궁극에 있어서는 군주 1인이 아닌 군자(신하)의 공화정치를 염원하였다고 할 수 있습니다. 공화(共和)의 어원에 대해서 《사기》 <주본기>는 다음과 같이 기록하고 있습니다.

> 왕(주 여왕)이 흉포하고 포악하며 사치를 일삼고 오만하기까지 했으므로 온 나라 사람들이 그를 비방했다. … 왕이 더욱 엄해지자 백성들은 감히 말을 하지 못한 채 길에서 눈짓만 보냈다. 그러자 여왕은 기뻐하며 소공에게 말했다.
> "내가 비방하는 것을 금지시키자 감히 말하지 않게 되었노라"
> 소공이 답했다.
> "이는 말을 못하게 막은 것뿐입니다. 백성의 입을 막는 것은 물을 막는 것보다 심각합니다. 물이 막혔다가 터지면 다치는 사람이 반드시 많은 것처럼 백성들 또한 이와 같습니다. 때문에 물을 다스리는 자는 둑을 터서 물길을 이끌고 백성을 다스리는 자는 마땅히 그들을 말하도록 이끌어야 합니다."
> … 왕이 이 말을 듣지 않았다. 그러자 나라에는 감히 말하는 자가 없어졌다. 삼 년이 지난 후 마침내 백성들은 서로 힘을 합쳐 모반한 끝에 여왕을 쳤다. 여왕은 체로 달아났다. (주 여왕 때) 소공과 주공 두 재상이 정치를 대행한 것을 '공화'라고 부른다.
> 공화 14년, 여왕이 체에서 죽었다.

반면 법가는 군주와 신하의 이익은 일치하지 않으므로 군주는 신하를 적절히 통제하고 활용하여야 하며, 모든 권력이 군주에게 집중되어야 한다고 주장하였습니다. 법가가 절대군주제를 옹호하였다는 비난을 받는 것도 그러한 이유 때문입니다. 그들은 군주와 신하의 관계를 이익관계, 계산된 관계로 보았고 상과 벌을 활용하여 신하를 장악하라고 주장합니다.

> 군주와 관리는 국가를 다스린다는 일은 같지만 각자의 이익은 달리 합니다.
>
> 《상군서》〈금사〉

> 군신간은 마치 저자의 상인과 같은 관계이다. 즉 군신관계는 부자 사이처럼 친밀한 것이 아니며 서로가 이해관계로 맺어진 것이다.
>
> 《한비자》〈난일〉

> 군주는 나라를 다스려 자기 지위를 보존할 것을 원하고 신하는 자기에게 유리하도록 일을 계획하므로 군신의 마음은 다를 수밖에 없습니다. … 군신 사이는 계산된 관계인 것입니다. 그런데 신하가 난국에 처하여 자기 몸을 돌보지 않고 온갖 지식을 다 동원하여 나라에 헌신하는 것은 오직 법 때문입니다. 그러므로 옛날의 성군들은 상을 주어 신하를 독려하고 형을 엄하게 하여 간악을 금했던 것입니다.
>
> 《한비자》〈식사〉

고금의 역사에서 수 없이 반복된 신권주의와 왕권주의의 대립도 여기에 뿌리를 두고 있다고 할 수 있습니다.

봉건제와 군현제

봉건제는 천자, 제후, 대부가 각기 일정한 토지와 인민, 군사력을 보유하는 분권형 지배체제이고, 군현제는 전국을 단일 행정조직으로 편재하고 중앙정부에서 관료를 직접 파견하여 통치하는 중앙집중형 지배체제입니다. 유가는 주나라 봉건체제를 옹호하여 결과적으로 귀족영주들의 이해를 대변한 반면 법가는 통일국가의 실현, 군현제의 실시를 주장하여 이들 지배계층과 대립하였습니다.

봉건제와 군현제에 관한 본격적인 1차 논쟁은 진의 통일 직후에 있었습니다. 승상으로 있던 왕관 등 신하들이 진시황에게 의견을 올린 것이 계기였습니다.

이제 모든 제후들이 멸망했지만 연나라·제나라·초나라가 있었던 땅은 진나라 도읍지와 거리가 너무 멀어 제후 왕을 세워야 합니다. 그렇지 않으면 이 지역의 백성들을 제압해 복종시키기 힘들 것입니다.

이에 당시 정위(오늘날 법무장관)신분이던 이사가 이의를 제기합니다.

주나라의 문왕이나 무왕은 왕실의 자제들에게 영토를 분봉했습니다. 그러나 후대에 와서 왕실과 제후 사이의 관계가 멀어지면서부터 마치 원수처럼 서로 공격하게 되었습니다. 또한 제후들 간에도 서로 침범하고 정벌하는 상황이 벌어졌습니다. 주나라의 천자는 이것을 막을 수가 없었습니다.

그러자 진시황이 말했습니다.

천하가 끊임없는 전쟁의 고통에 시달린 이유는 바로 제후 왕들이 있었기 때문이다. … 그런데 다시 황자와 공신들에게 영토를 분봉하여 제후국을 세운다는 것은 전쟁의 불씨를 만드는 것이다. 그러면 어떻게 황실과 나라의 안녕과 평화를 구할 수 있겠는가? 정위 이사의 의견이 옳다.

《사기》 <진시황본기>

그리하여 전 영토를 36군으로 나누고 황제가 임명한 관리를 파견하여 중앙집권적 국가를 수립하게 되었던 것입니다. 봉건제와 군현제 논쟁은 표면적으로는 춘추·전국의 혼란의 원인, 지배의 효율성을 둘러싼 논쟁이지만 왕실귀족(봉건영주)과 새로운 계층(신흥 지주, 자영농, 부농 등)의 계급적 이해가 첨예하게 충돌하는 것이어서 끈질기게 이어졌습니다.

기원전 213년 옛 제나라 출신의 박사 순우월이 재차 진시황에게 분봉할 것을 아룁니다. 제2차 논쟁입니다.

신은 은나라와 주나라의 왕조가 1천여 년 간 천하를 다스릴 수 있었던 이유는 왕실의 자제와 공신들을 제후로 봉하여 왕실을 보좌했기 때문이었다고 들었습니다. 지금 폐하께서는 온 천하를 차지하고 있으나 황실의 자제들은 한낱 필부에 지나지 않습니다. 만약 제나라를 빼앗은 전상과 진(晉)나라를 멸망시킨 여섯 권문세족과 같은 신하가 나타난다고 해도 황실을 보호하고 지켜줄 세력이 없습니다.

그러자 승상 이사가 진시황에게 아뢰었습니다.

오제는 서로 다른 방법으로 나라를 다스렸습니다. 하나라·은나라·주나라 역시 각자 독자적인 방법으로 세상을 다스렸습니다. 이것은 그 나라의 정책을 싫어했기 때문이 아니라 시대가 변화했기 때문입니다. … 순우월의 의견은 옛 하나라·은나라·주나라 시대의 일인데 어떻게 본받을 만하다고 할 수 있겠습니까? … 유학자들은 개인적으로 학문을 배우고 가르치며 새로운 제도와 정책은 반대하고 새로운 법령이 나오면 자신들이 개인적으로 배우고 익힌 학문의 잣대로 따지고 비난합니다. … 이와 같은 것을 금지하지 않으면 위로는 폐하의 권위가 떨어지고 아래로는 붕당이 생겨날 것입니다. … 신 이사는 간청합니다. 진나라의 기록을 제외하고 관청에 보관된 모든 책을 불태우십시오. 박사관의 학자를 제외하고 시경과 서경, 제자백가 책을 가진 모든 백성으로 하여금 서적을 관할 관청에 바치도록 해 책을 모두 불태워야 합니다. 자기들끼리 시경이나 서경을 논하는 자는 모두 사형에 처해 효시해야 합니다. 과거를 들어 현재를 비판하는 자는 그 가족도 함께 사형에 처해야 합니다. 이런 일을 알고 검거하지 않는 관리도 같은 죄로 처벌해야 합니다. 이 명령을 내린 지 30일이 지나도 책을 불태우지 않는 자는 노예로 삼아 낮에는 성벽을 쌓고 밤에는 변경을 수비하게 하십시오. 의학, 약학, 점술, 농업, 식물학에 관한 책만 남겨야 합니다.

《사기》 <진시황본기>

그리하여 봉건제와 군현제 논쟁은 마침내 '분서갱유'사건으로 치닫게 됩니다.

분서와 달리 갱유의 발단은 봉건제와 군현제 논쟁이 아니고 생매장된 사람들도 반드시 유가가 아니었다는 주장도 있습니다. 불사약을 구하던 방술사인 노생과 후생이 도망하자 진시황이 '나를 비방하고 부덕을 가중시키고 있다'며 요괴한 말로 백성들을 미혹케 하는 자들을 조사하게 하자, 서로 고발하여 법령을 어긴 자가 460명이었는데, 이들에게 사형을 언도하고 함양에 생매장하게 되었다는 것입니다.

그러나 법가와 유가, 군현제와 봉건제의 치열한 대립이 이러한 극단적인 조치를 초래케 하였다는 점은 부인하기 어렵습니다.

법에 의한 지배

순임금과 우임금이 문덕으로 임금의 자리를 양도했지만 상나라와 주나라는 무력으로
천하를 쟁탈했습니다. 시대가 다르니 국가를 다스리는 방법에도 변화가 있습니다. 질
박했던 시대에 사용했던 방법으로 오늘날 나쁜 사람들을 다스리려고 하는 것은 천천
히 몸을 옮겨 물에 빠진 사람을 구하고, 서로 인사하고 양보하며 불을 끄려는 것과
같은 것입니다.

《염철론》

제자백가에 대한 평가

한비는 법가의 학문적, 사상적 대표자입니다. 따라서 한비의 생각이 곧 법가의 총화이고, 당대 법가들이 표방한 '법에 의한 지배'의 요체라 할 수 있습니다. 그는 말더듬이었으나 글을 매우 잘 썼고, 각종 비유와 실례를 들어가면서 자신의 주장을 개진하였습니다.《한비자》를 읽다보면 그의 논리정연하고 원숙한 주장에 경탄하게 되고, 왜 그가 법가의 최고봉인지를 깨닫게 됩니다.

먼저 유가, 도가 등에 대한 평가입니다.

한비는 아무런 생산노동에 종사하지 않으면서 입만 열면 옛 성왕의 도를 들먹이는 유가집단에 대해 매우 부정적으로 인식하고, 부국강병을 이루는 데 장애가 되는 세력으로 보았습니다. 그들을 '가만히 앉아 머리만 사용하는 사람' '유복(儒服)을 입고 입으로만 옛 성현의 도를 가르치는 자'라고 하였고, 그들의 주장을 '공론(空論)' '변설(辯說)' '소꿉장난'이라 치부하였습니다. 당시 절대 성인으로 추앙받던 공자에 대해서도 '공자는 성인이라고 말하고 있지만 세상사에는 그리 밝다고 할 수 없다'고 깎아 내렸습니다.

> 이른바 학자라는 자들은 나라에 일이 없을 때에는 힘을 쓰지 않으며 또한 국난이 있다고 해도 갑주를 입고 싸우려 하지는 않습니다. 그런데도 군주가 그들을 예우한다면 농부와 군사는 제각기 그 임무에 태만할 것이며, 그들을 예우하지 않으면 군주의 법을 어기게 될 것입니다. 그들은 나라가 평안하면 높은 지위에 오를 것이며 나라가 위태로우면 겁쟁이가 될 것이니 군주는 그러한 자들을 지나치게 예우할 필요가 없습니다.
>
> 《한비자》 <외저설 좌상>

가만히 앉아 머리를 사용하는 사람은 백 사람인데, 힘들여 노력하는 사람은 한 사람뿐이다. 가만히 앉아 머리만 사용하는 사람이 많아지면 나라의 법은 무너지고, 힘들여 노력하는 사람이 적어지면 나라는 가난해진다. 이것이 곧 세상이 어지러워지는 이유이다.

《한비자》<오두>

실제의 유익함을 저버린 자만이 세간에서 존경받고 있으므로 유복을 입고 입으로만 옛 성현의 도를 가르치는 자나, 아니면 허리에 검을 차고 무예에 뛰어나다고 우쭐대는 협객이 많아지고, 농사를 지어 나라에 보탬을 주는 농부나 전시에 목숨을 버릴 각오로 싸우는 병사는 적어진다.

《한비자》 <문변>

아열이라는 사람은 송나라의 변설가였습니다. 그는 공손용의 이른바 백마는 말이 아니라는 설을 지지하여 제나라 직하 땅에 모인 당대의 이름 높은 변설가들을 굴복시켰습니다. 그러나 그는 백마를 타고 국경의 관문을 통과할 때 관문지기가 마세를 요구하자 평소의 변설로도 이것을 모면할 수 없어 결국 돈을 내고 말았던 것입니다. 말하자면 공론으로는 능히 일국의 학자들을 이길 수가 있었지만 실물을 두고 논하기에 이르러서는 한 사람의 관문지기조차 속일 수가 없었습니다.

《한비자》 <외저설 좌상>

어린아이들이 모여서 소꿉장난을 할 때 흙을 밥이라 하고 구정물을 국이라 하며 나무를 고기라 합니다. 그러나 날이 저물면 반드시 집으로 돌아가 식사를 하는 것은 흙과 구정물과 나무는 소꿉장난의 도구는 될

지언정 실제로 먹을 수는 없기 때문입니다. 이와 같이 세상에서는 요순 이래의 성인에 의해 전해진 도라 하여 찬양하는데, 그 설이 아무리 교묘하다 해도 실제로는 아무 소용이 없으며, 선왕의 업적을 아무리 찬양한다 해도 국정을 바로잡지 못한다면 이 역시 소꿉장난에 불과할 뿐 진정 나라를 잘 다스리는 자라고는 할 수 없습니다.

《한비자》〈외저설 좌상〉

도가에 대해서도 마찬가지입니다. 법가와 도가는 일맥상통하는 면이 있었고, 법가(신불해)의 술(術)은 도가의 무위·허정의 사상에 뿌리를 두고 있습니다. 사마천도 '신자(申子, 신불해)의 학문은 황노(黃帝·老子)의 학설에 바탕을 두고 형명의 술을 주로 했다. … 한비는 한(韓)나라 여러 공자 중 한 사람으로 형명(刑名)·법술을 배우기를 즐겼는데, 귀착하는 것은 황제·노자의 학문이었다'고 평하면서 신불해, 한비를 도가계열, 황로사상가로 분류하기도 하였습니다.

그러나 한비는 도가 또한 백안시하였는데, 이들을 '속을 파낼 수 없어 쓸모없는 표주박'이자 '상벌이 통하지 않아 쓸 수 없는 존재'라고 보았습니다.

제나라에 전중이라는 은자가 있었는데 송나라 굴곡이 그를 만나 말했습니다.

"제가 들은 바에 의하면 선생께서는 의를 지키며 타인의 신세를 지지 않고 모든 것을 자급자족하신다고 합니다. 그런데 저는 표주박 심는 법을 알고 있습니다. 그 방법대로 심어 거둬들인 표주박은 돌처럼 단단하고 겉이 두꺼워 구멍을 뚫을 수가 없으니 선생님께 하나를 드리겠습니다."

"사람들이 표주박을 심는 이유는 구멍을 파서 물건을 담을 수 있기 때문이오. 그런데 껍질이 단단해 구멍을 뚫을 수 없다고 하니, 그런 표주박을 대체 어디에나 쓰겠소"

"참으로 지당한 말씀입니다. 사실은 저도 그것을 버릴 생각이었습니다."

말하자면 전중은 다른 사람의 신세를 지지 않고 살아간다고는 하지만 그렇다고 나라를 위해 이익 되는 일을 하는 것은 아닙니다. 따라서 그도 견고한 표주박과 같은 존재라고 하겠습니다.

《한비자》<외저설 좌상>

명예와 지위를 주어도 기뻐하지 않으면 군주가 후한 상을 주고 나라를 위해 진력할 것을 권해도 듣지 않을 것이고, 일신에 재난이 닥쳐도 두려워하지 않으면 형벌로도 위협할 수 없을 것입니다. 이를 명령에 따르지 않는 자라고 합니다. 열 두 사람은 동굴에 엎드려 죽기도 하고 초목이 무성한 들판에서 죽기도 했으며, 혹은 산속에서 굶주리다 죽어가기도 했고 물에 몸을 던져 죽은 자도 있었습니다. 옛날의 성인이라고 일컫던 왕들조차도 이들을 신하로 쓸 수가 없었는데 하물며 지금 세상에 이러한 자가 나온다 한들 어찌 사용할 수 있겠습니까.

《한비자》<설의>

법치의 필요성

한비는 법가사상의 대표자답게 법치의 필요성, 법에 의한 지배를 시종 주장합니다. 법에 의한 지배는 법이 통치의 기준이자 수단이 되는 지배이고, 귀족과 평민 할 것 없이 모두 법의 평등한 적용을 받는 지배입니다. 그는 법치를 통해서 사람의 지배가 필연적으로 야기하는 불확실성이나 우연성, 편차를 최소화하여 법적안정성을 기하고, 통치의 효율성을 제고하고자 합니다. 법을 받드는 것(奉法)이 강국의 길이라고 단언합니다.

지혜·재능은 개인의 도로서 타인에게 전달할 수 없는 것인즉 설사 부자 간이라 할지라도 그 아비의 재능이 반드시 그 아들에게 전해진다는 법은 없는 것입니다. 법은 완전한 것이지만 지혜·재능은 결점이 많다고 했습니다. 그것은 법에 의해 치국하게 되면 실수가 거의 없지만 지혜·재능으로 치국하게 되면 일정한 표준이 없어 실수가 따르게 되므로 완전하지 못하다고 한 것입니다. 따라서 법에 의한 다스림이 가장 좋은 방법입니다. 요컨대 저울에 달아보면 물건의 중량의 평균을 알 수 있고, 컴퍼스를 사용하면 동그라미를 바르게 그릴 수 있습니다. 이것이 만전의 도입니다. … 컴퍼스를 버리고 기교에 맡기고 법률을 버리고 지혜·재능에 의지하도록 하는 것은 나라를 혼란에 빠뜨리는 원인이 되는 것입니다.

《한비자》 <식사>

자나 필규를 버리고 함부로 눈짐작만으로 측량을 하면 해중과 같은 수레의 명공이라도 한 개의 수레바퀴도 만들지 못할 것이며, 잣대를 버리고 길고 짧음을 비교하면 왕이와 같은 능숙한 사람이라도 길이의 반을 정확히 알지 못할 것입니다. 그런데 평범한 군주로 하여금 법술을 지키게 하고 또 졸렬한 직공으로 하여금 잣대나 필규를 사용하게 한다면 절대로 실수하지 않을 것입니다. 그러므로 군주된 사람은 현명하고 솜씨 좋은 사람도 능히 해낼 수 없는 것을 요구하지 말고 평범한 자나 졸렬한 자들도 절대로 실패하는 일이 없는 법술을 지킨다면 신하의 힘을 모두 사용할 수 있어 공명을 세울 수 있습니다.

《한비자》 <용인>

순이 백성의 악습을 바로잡는 데 있어 꼭 1년 만에 한 가지씩 시정했으니 3년에 세 가지의 잘못을 바로잡은 셈입니다. 그러나 순은 언제까지나 존재할 수는 없으며, 그 수명에는 한계가 있는 것입니다. 그런데 세상의 그릇된 것은 끝이 없습니다. 한 사람의 한계가 있는 수명으로 끝이 없는 허물을 바로잡는다면 자연히 시정되는 것은 적을 수밖에 없습니다. 따라서 이것을 성인의 덕이라고 칭찬할 가치는 없는 것인즉, 그렇게 하지 않더라도 상벌로써 천하를 다스리면 반드시 그 뜻을 이룰 수 있습니다. 즉 법의 규정에 맞는 자는 포상하고 법을 어긴 자는 벌한다는 것을 선포하면 아침에 명령을 내려 저녁이면 악습이 고쳐질 것입니다.

《한비자》 <난일>

국가가 항상 강할 수도 없고 항상 약할 수도 없습니다. 법을 받드는 사람이 강하면 나라가 강해지고, 법을 받드는 사람이 약하면 나라가 약해집니다.

《한비자》<유도>

법과 술

한비가 법가의 대표자로 평가되는 가장 큰 이유는 선배법가들인 상앙의 법, 신불해의 술, 신도의 세를 종합하여 통치술을 완성하였다는 것에 있습니다. 군주가 상벌에 관한 법을 제정하고 이를 엄격히 시행하여 법에 의한 통치를 하여야 할 뿐 아니라, 신하를 적절히 통제·장악하고, 그에 필요한 권위와 힘을 가져야 한다고 본 것입니다. 절대군주의 세 가지 요건으로서 법과 술, 세를 적시한 것입니다.

그는 법과 술의 특징을 비교한 다음, 이 둘의 관계를 생명유지에 필수불가결한 '의식(衣食)'에 빗대어 설명합니다.

> 군주의 큰일이란 법이 아니면 술이다. 법이란 먼저 이것을 문서에 기록하여 관청에 비치하고 또 이 확정된 법을 일반 백성에게 널리 포고하여 모두 이것을 지키게 하는 것이며, 술이란 군주가 자기 마음속에 간직해 두었다가 많은 신하의 행위를 비교하여 그것이 옳으면 이를 상 주고 부당하면 벌하여 신하를 제어하는 것을 말한다. 그러므로 법이라는 것은 천하에 이를 분명히 포고하여 누구나 쉽게 알 수 있도록 해야 하고 술은 쉽게 누설해서는 안 된다.
>
> 《한비자》 <난삼>

어떤 사람이 묻기를 "나라를 잘 다스린 자의 본보기로서 신불해가 한나라를 다스린 것과 상앙이 진나라를 다스린 것 가운데 두 사람의 의견을 오늘에 와서 비교한다면 어느 쪽이 더 국가에 유용합니까"라고 하자 한비가 대답했습니다.

"그것은 단언할 수가 없습니다. 사람이란 열흘을 굶으면 죽고 혹독한 추위에 옷을 입지 않으면 역시 죽고 맙니다. 이것은 의식의 어느 것이 더 인간에게 절실한가를 묻는 것과 같아서 굳이 대답한다면 그것은 하나도 없어서는 안 되는 것입니다. 모두 다 사람의 목숨을 유지하는

데 필요한 것이기 때문입니다.

《한비자》〈정법〉

'신불해와 상앙의 의견 중 어느 것이 더 유용한가?'라는 질문은 결국 '술과 법 중에서 무엇이 더 중요한가?'라는 질문과 같은데, 이러한 우문에 대해 한비는 '이는 의식 중 무엇이 더 절실한지 묻는 것과 같다'고 현답한 것입니다.

술이란 무엇인가

그렇다면 한비가 파악한 술이란 구체적으로 어떤 것일까요? 한비는 군주가 신하를 통제·장악하는 기술인 술의 필요성 및 그 요체를 다음과 같이 설명합니다.

군주는 마음을 비우고 고요한 채로 신하를 대하고, 신하가 스스로 말하게 하며, 그 책임을 지우고 일이 자연스럽게 실행되기를 기다립니다. 허하면 상대의 마음을 알게 되고 고요하면 상대의 움직임의 옳고 그름을 판단하게 됩니다. 말하고자 하는 자는 스스로 말하게 하고 일하고자하는 자는 스스로 일하도록 합니다. … 밝은 군주는 위에서 하는 일이 없음에도 불구하고 여러 신하들은 아래에서 그 의향을 알 수 없어 겁내고 두려워합니다. … 이 도를 터득한 군주는 마음을 비우고 일의 진전을 고요히 관망하는 가운데 아무 일도 하지 않으면서 마치 암실에서 밖을 바라보듯이 신하들의 결점을 찾아냅니다. … 군주의 도는 정퇴(靜退), 즉 자기의 재능과 힘을 표면에 나타내지 않고, 좋아하고 미워하는 바를 말하지 않는 것을 보배로 합니다. 군주는 스스로 국사를 행하지 않고 …
스스로 생각하거나 계획하지 않고 … 신하가 건의한 바를 그대로 실행하
되 말과 실적이 일치할 경우에는 이를 포상하고 실적과 말이 다를 경우
에는 이를 처벌합니다.

《한비자》<주도>

그리고 그 구체적인 방법으로 군주가 상과 벌의 권한을 모두 자
기 손 안에 쥐고 있어야 하며 특히 신하의 직무유기와 직권남용을 경
계해야 한다고 주장합니다.

명군이라 불리는 자가 그 신하를 제어하며, 능히 신하로 하여금 명령을
지키게 하고 그 직무를 충실히 완수하게 할 수 있는 것은 이병(二柄),
곧 두 개의 자루를 갖추고 있기 때문입니다. 이병이라 함은 형벌과 은덕
을 말합니다.

신하된 자는 모두 형벌을 두려워하고 상 받는 것을 즐거워하게 마련이
므로 군주는 이 일을 남에게 맡기지 말고 자신이 직접 해야 합니다. 그
리하면 신하들은 그 위엄을 두려워하여 죄를 피하고 은상을 입고자 각
자의 직무에 힘쓰게 됩니다.

벌 주는 위엄과 상 주는 이로움이 군주에게서 나오지 않고 신하가 뜻대
로 처리한다면 세상 사람들은 모두 그 신하를 두려워하고 군주를 가볍
게 여길 것입니다.

송나라 대부 자한은 군주에게 말하기를 "사람들에게 상을 주고 높은 지위를 주는 것은 아랫사람이 모두 좋아하는 바이므로 군주께서 손수 행하십시오. 사람을 죽이는 형벌은 백성이 미워하는 바이므로 신이 행하겠나이다"라고 했습니다. 이리하여 송군은 형벌을 내리는 일을 상실하고 자한이 대신 행사하게 되었습니다. 이런 까닭에 송군은 자한에게 위협을 받아 정권은 자한의 손으로 넘어갔습니다.

옛날 한나라 소후가 술에 취해 누워 있었습니다. 그때 전관(典冠)이 군주가 잠든 것을 보고는 추워서 감기라도 들까 염려하여 옷을 덮어 주었습니다. 소후는 잠에서 깨어나자 대단히 기뻐하면서 좌우 신하들에게 누가 옷을 덮어주었느냐고 물었습니다. 이에 신하들이 답하기를 관모에 관한 일을 맡고 있는 전관이 덮어주었다고 했습니다. 그러자 소후는 군주의 옷에 대한 일을 맡고 있는 전의와 옷을 덮어준 전관 두 사람 모두를 벌주었습니다. 전의를 벌준 것은 군주가 낮잠을 자고 있으면 옷을 맡고 있는 내관으로서 덮어줌이 마땅한데도 방심하여 다른 사람의 손을 빌렸으므로 결국 직무를 태만히 했기 때문입니다. 또 전관을 벌한 것은 직무 이외의 일에 관여하였기 때문입니다. 즉 자기의 직무의 범위를 넘어섰던 것입니다. 소후는 추위로 병에 걸리는 것을 즐겼던 것이 아니라 직무의 권한을 범하는 것이 감기보다도 더 큰 해라고 생각했던 것입니다.

《한비자》〈이병〉

권세인가, 자질인가

법과 술 외에도 군주에게는 신하나 백성들이 감히 넘보지 못할 권위와 위세가 있어야 한다는 것이 신도의 세(勢)론입니다. 신도가 말하는 세란 무엇인지 상징적으로 보여주는 것이 다음과 같은 한비의 말입니다.

재능은 있더라도 세가 없으면 현자도 어리석은 자를 제어하지 못하는 법입니다. 한 척의 나무를 높은 산 위에 세워두면 그것이 천 길의 계곡을 내려다보고 있는 듯이 보이는 것은 그 나무가 길어서가 아니라 그것이 서 있는 위치가 높기 때문입니다. 이와 마찬가지로 걸이 천자가 되어 능히 천하를 제어한 것은 그가 현명했기 때문이 아니라 세가 무거웠기 때문입니다. 요임금도 한낱 필부였더라면 세 채뿐인 작은 마을도 다스리지 못했을 것인데, 그것은 요가 미욱했기 때문이 아니라 지위가 낮기 때문입니다. … 그러므로 낮은 것이 높은 곳에서 아래를 굽어보는 것은 위치 때문이고, 어리석은 자가 현자를 제어하는 것은 세 때문입니다.

《한비자》 <공명>

그러나 이러한 신도의 세론은 곧바로 유가의 비판에 직면합니다. 성왕인 요임금과 폭군인 걸왕은 모두 같은 권세를 가지고 있었지만 한 사람은 천하를 다스리고 다른 한 사람은 천하를 어지럽힌 것은 그 자질이 서로 달랐기 때문이라는 것입니다. 순자도 '남을 능가하는 (권)세를 얻는 것은 남을 능가하는 도를 행하는 것만 못하다'고 하였습니다.

일응 부인키 어려운 반증 앞에서 한비자는 요와 걸 같은 극단적인 예가 아니라 '평범한 인물' '중급의 군주'를 사고의 중심에 놓고 생각해야 한다고 반박합니다. 다음은 한비가 생각하는 세란 무엇인지, 그가 주장하는 법치가 어떤 군주와 백성을 고려한 것인지를 잘 보여주고 있습니다.

신도- 비룡은 구름을 타고 승천하는 뱀은 안개 속에서 노닌다. 그러나 구름이 개고 안개가 걷히면 용이나 뱀도 지렁이나 개미와 다를 바가 없이 되는 것은 그들이 타야 할 구름과 안개를 잃었기 때문이다. 이와 같이 현인이 불초한 자에게 굴복하는 것은 그 권세가 가볍고 지위가 낮기 때문이며 불초하면서 능히 현자를 굴복시킬 수 있는 것은 그 권세가 무겁고 지위가 높기 때문이다. 요임금이 평범한 사람이었다면 세 사람조차 다스리지 못했을 것이며, 미욱한 걸은 천자의 지위에 있었기 때문에 능히 한 사람의 힘으로 천하를 어지럽힐 수 있었던 것이다. 그러므로 사람의 지위나 세력이라는 것은 믿을 만한 것이며, 단지 지혜가 있다는 것은 그다지 쓸모가 없다고 말할 수 있다.

유가- 물론 비룡은 구름을 타고 승천하는 뱀은 안개 속을 노닌다. 나는 용과 뱀이 구름과 안개의 힘에 전혀 의존하지 않는다고는 생각하지 않는다. 그러나 현(賢)을 버리고 오직 세(勢)만 있으면 나라를 잘 다스릴 수 있다고 주장하는 것은 바람직하지 못하다. 왜냐하면 용이 구름을 탄다던지 뱀이 안개 속에 노닌다는 것은 용에게 구름을 탈 만한 재질이 있고 뱀에게 안개 속을 노닐 만한 능력이 있기 때문이다. … 요임금이 능히 천하를 다스린 세력과 걸왕이 그것을 지니고 다스려 천하를 혼란에 빠뜨린 세력은 조금도 다를 바가 없는 것이다. 양쪽 다 똑같은 세력을 지니고 세상을 다스렸음에도 불구하고 한쪽은 잘 다스리고 한쪽은 혼란에 빠뜨린 것은 전적으로 그 재질의 차이인 것이다.

한비- 현자가 위에 서서 큰 세력을 얻는다면 이미 절대적인 힘을 갖는 것은 틀림이 없다. 그러나 현자가 아니더라도 그 권세를 쥐고 있는 자, 즉 높은 지위에 있는 자가 그 세력을 믿고 일을 처리한다면 어떠한 자도 이에 제재를 가할 수 없다. … 요순과 같은 성군과 걸주 같은 폭군은 천세에 한 번 나올까 말까한 매우 희귀한 인물이다. 그러나 세상의 정치가를 보면 대부분 평범한 인물이다. 지금 나는 그러한 평범한 군주가 권세를 쥐고 있는 경우를 들어 권세에 대해 논의하는 것이다. 중급의 군주는 위로는 요순에 미치지 못하고 아래로는 걸주의 행동을 하지 않으며 법을 믿고 권세로 조치하면 나라가 다스려지고 법을 등지고 권세를 버리면 어지럽게 되는 것이다. 지금 만약 현자를 채용해야 한다는 설에 따라 권세를 버리고 법을 등지고 요순을 기다린다고 하자. 물론 요순과 같은 성인이 나타난다면 비로소 잘 다스려질 것이다. 그러나 그것으로는 결국 천 년 동안 어지럽다가 한 번은 잘 다스려지는 것 밖에 안 된다. … 생각건대 100일을 먹지 않고 굶으면서 기름진 쌀밥과 맛있는 고기를 기다린다면 비록 그것을 얻게 되더라도 굶주린 자는 살아나지 못할 것이다. 지금 천 년에 한 번 나올 만한 요순을 기다려 현세의 백성을 다스리겠다고 하는 것은 마치 쌀밥과 고기를 기다려 굶주림을 채우겠다는 것과 다를 바가 없다. … 요순이 천하를 다스리면 반드시 잘 다스려지고 걸주가 위에 서면 반드시 어지럽다는 것과 같은 극단적인 예만을 놓고 그 중간쯤 되는 사람을 전혀 고려하지 않는다는 것은 참으로 어리석은 생각이다. 그것은 마치 음식의 맛이 엿이나 꿀처럼 단

것이 아니면 쓴 약 밖에 없다고 하는 것과 같다. 세상에는 달지도 쓰지도 않은 맛을 가진 음식물이 얼마든지 있다. 유자들이 이처럼 극단적인 예만을 들어 공연히 언사를 낭비하고 도리에 어긋난 것을 말하며 세상을 바르게 다스리는 방법을 잊고 있다는 것은 세상사에 어두운 자라고 할 수밖에 없다. 이와 같은 그릇된 생각을 가지고 어찌 도리에 맞는 신자의 말을 비평한단 말인가. 손님의 말은 신자의 그것에 도저히 미치지 못한다.

《한비자》 <난세>

구법인가 신법인가

한비는 법, 술, 세를 종합하여 통치술을 완성하였을 뿐 아니라 법가의 이론을 더욱 정교하게 다듬고, 한층 깊고 고차원적인 논리를 전개하였습니다. 통상 유가는 선왕의 법을 말하고, 법가는 변법을 주장하였습니다.

그러나 한비는 '나라를 잘 다스려 백성이 행복해지는 것'이 목적이고, 구법이나 신법은 단지 수단일 뿐이라고 보았습니다.

나라를 다스리는 법을 모르는 자는 반드시 옛 법을 변경하거나 관습을 바꾸어서는 안 된다고 말할 것입니다. 그러나 성군은 변경할 만한 일이라면 변경해도 좋고 그렇지 않은 일이라면 영구히 옛 것을 지키는 것이 좋다는 식으로 변경하고 변경하지 않음에 있어 구애를 받지 않아야 합니다. 단지 나라를 잘 다스려서 백성이 행복하게 되는 일이라면 옛 그대로의 관습에 따르는 것이고, 새로운 관습을 기르는 것이 좋다면 새

사업을 일으키는 것입니다.

《한비자》〈남면〉

또 엄한 형벌만이 능사가 아니고 반드시 체포되어 단죄된다는 보장이 없으면 범죄는 사라지지 않을 것이며, 형벌의 많고 적음이 문제가 아니라 판결(처벌)의 정당성이 문제라고 보았습니다.

형벌 가운데 시장 거리에서 효시하는 것보다 더 무거운 형벌은 없는데도 사람들이 계속 도둑질을 하는 이유는 죄를 범해도 반드시 발각된다고는 할 수 없으며, 개중에는 때때로 빠져나가는 자도 있었기 때문입니다. --반드시 체포되지 않는다는 것을 알면 비록 시장 거리에서 효시되는 형벌을 가하더라도 사금의 도굴은 그치지 않고, 반드시 죽는다는 것을 알면 천하를 준다고 해도 받는 자가 없는 것입니다.

《한비자》〈내저설 상〉

어떤 사람은 말했습니다.
무릇 형벌이란 그 판결이 정당하다면 아무리 많더라도 결코 많다고 할 수 없고 판결이 부당하다면 적더라도 결코 적다고 할 수 없는 것이다. 그러나 안자(안영)는 형의 부당함을 고하지 않고 무조건 많다고 했으니 이는 정치의 도를 터득하지 못한데서 온 병폐이다. 저 논밭의 잡초 뽑는 것을 아끼면 애써 심은 벼의 수확이 감소되고 도적에게 은혜를 베풀면 양민에게 해를 입히는 결과가 된다.《한비자》〈난이〉

군주인가 신하인가

유가가 군신공치를 주장한 반면 법가는 군주주권을 이야기합니다. 한비 또한 군주에게 모든 권력이 집중되어야 한다고 생각하였지만 그렇다고 하여 유능한 신하의 힘과 역할을 경시하지 않았습니다. 다만 그들의 권한남용과 월권을 경계하고자 하였을 뿐입니다.

유가처럼 관료를 협치의 대상으로 보건 아니면 법가처럼 관리·통제의 대상으로 보건 '(군주의) 몸은 하나요, 일은 수 만 가지'이고, 군주 혼자서 모든 일을 처리할 수 없는 이상 현능한 인재를 등용하고 적재적소에 배치하는 일은 불가피합니다.

진나라 평공이 숙향에게 물었습니다.

"옛날 제나라 환공이 제후를 규합하고 천하를 통일한 것은 신하의 힘이었다고 생각하는데 어떤가?"

"관중은 제나라에서 가장 훌륭한 신하이니 그가 먼저 옷감의 재단을 했고 다음에 빈서무가 실로 그 옷감을 꿰매고 습붕이 거기다 장식을 달아 완성했습니다. 환공은 그 완성된 옷을 입었을 뿐입니다. 이렇듯 천하의 패업은 신하의 힘으로 이루어진 것입니다. 환공에게 무슨 힘이 있었겠습니까?"

이 말을 듣고 사광은 거문고에 엎드려 웃었습니다. 평공이 '태사는 왜 웃는고'하고 묻자 사광이 대답했습니다.

" … 신하된 자는 마치 요리사 같은 존재로서 여러 가지 맛있는 음식을 만들어 진상하더라도 군주가 먹지 않는다면 굳이 권할 도리가 없는 것입니다. … 비유컨대 군주는 땅과 같고 신하는 초목과 같아서 그 땅이

기름져야만 초목은 성장하는 것입니다. 환공이 천하를 통일한 것은 전적으로 군주의 힘입니다. 신하에게 무슨 힘이 있다는 것입니까?"

어떤 사람(한비)은 말했습니다.

"숙향과 사광의 대답은 모두 편벽된 것이다. 대체로 천하를 통일하고 제후를 규합하는 것은 가장 뛰어난 사업으로서 군주의 힘만으로 되는 것도 아니고 또 신하의 힘만으로 되는 것도 아니다. 옛날 궁지기는 우나라에 있었고 희부기는 조나라에 있었는데 두 신하는 지혜가 출중하여 그들이 한 말은 사리에 적중했고 실시하면 공을 세웠다. 그런데도 우나라, 조나라가 망한 이유는 무엇일까. 그 신하는 유능했지만 그 군주가 무능했기 때문이다. … 옛날 환공은 … 관중을 신하로 두었기 때문에 5패의 장이 된 것이다. 그런데 관중이 죽고 수조를 등용하자 그 몸은 죽임을 당했고 그 시체에서 구더기가 기어 나올 때까지 매장되지 못한 것이다. 만약 군주의 힘이 중요하고 신하의 힘은 불필요한 것이라면 환공은 관중을 신하로 두었더라도 패업을 이루지는 못했을 것이다. 또 군주의 힘 때문이었다고 하면 수조를 등용했더라도 내란이 일어나는 일은 없었을 것이다. … 무릇 패자가 되어 천하에 공명을 세울 수 있었던 것은 군신 양편의 힘이며 숙향과 사광의 대답은 모두 편벽된 것이다."

《한비자》 <난이>

법가의 성취와 한계

法家

창고가 넉넉해야 비로소 예절을 알게 되고, 의식이 족해야 비로소 명예로운 일과 치욕적인 일을 구분해 알고 행하게 될 것이다.

《관자》 <목민>

법가의 몰락

법가가 몰락한 이유를 그들의 인간적 결함(시기심, 잔인함, 공명심, 각박함)이나 잔혹한 형벌에서 찾는 견해가 일반적입니다. 한마디로 인과응보라는 것인데, 사마천도 이렇게 결론짓습니다.

오기가 … 초나라에서 행한 정치는 각박하고 몰인정하였으며 또한 은혜를 베푸는 데 인색하여 그 몸을 망친 것이다. 참으로 가엾지 아니한가

상군은 타고나길 각박한 사람이었다. … 진나라에서 오명을 얻은 데는 그만한 까닭이 있었다.

이사는 육예의 귀결을 알면서도 군주의 결정을 보완하는 공명정대한 정치에 힘쓰지 않았다. … 군주에게 아부하면서 구차하게 영합했다. 조칙을 엄히 하고 형벌을 혹독하게 했으며 조고의 간사한 말을 듣고서 적자를 폐하고 서자를 즉위하게 했다. 제후들이 이미 반란을 일으킨 뒤에 이사가 직언하려고 했으나 어찌 늦지 않았으랴

그러나 법가가 몰락한 직접적인 이유는 앞서 본 것처럼 귀족관료계급과의 투쟁에서 패배한 때문입니다. 법가는 형불상대부의 원칙이라든가 세경세록제와 같은 왕실귀족의 특권을 없애고 그들의 토지독점(정전제)을 폐지하였으며, 이러한 개혁정책은 필연적으로 왕실귀족들의 이해와 충돌할 수밖에 없었습니다.

법가의 개혁정책이 강하게 휘몰아칠 때 바짝 엎드려 수모를 견

디고 복수할 기회를 엿보던 귀족관료들은 법가를 엄호하던 군주가 서거하자 일제히 반격을 시도하였습니다. 이때 왕실귀족들이 내세운 명분은 하나같이 '모반자' '간첩'이었습니다.

법가의 대부분은 타국에서 건너온 이방인들이었고, 이방인이라는 특성은 개혁정책을 시행할 때는 분명 장점으로 작용하였습니다. 법은 연고주의를 통해 왜곡·굴절하는데, 그들은 아무런 정실이나 연고관계가 없었으므로 좌고우면하지 않고 법과 원칙에 따라 과감한 정책을 펼 수가 있었던 것입니다.

그러나 이들은 '겉으로는 대국(진·초)을 섬기는 것 같지만 실상은 자국의 이익과 주군을 위할 뿐이다'는 의심과 견제를 끊임없이 받았으며, 권력을 잃자 모두 모반과 반역혐의로 처단되었습니다. 축객령(逐客令)에 맞서 이사가 '태산은 흙을 사양하지 않고 하해는 물줄기를 가리지 않는다'며 진왕에게 올린 장문의 상서는 그들의 위태로운 처지를 잘 보여줍니다.

법가의 몰락에는 그들의 법률정치사상도 영향을 미쳤습니다. 그들은 모든 당파를 배격하고 권력을 절대군주에게 집중하고자 하였고, 그 당연한 귀결로 자신만의 세력이나 조직을 만들지 않았습니다. 오로지 군주의 총애와 지지에 의탁하여 혈혈단신으로 활동하였던 것이며, 그 때문에 절대군주라는 버팀목(초도왕, 진효공, 진시황 등)이 스러지자 처참한 최후를 맞이하게 된 것입니다.

법가의 성취

법가는 법치주의의 선구자들입니다. 이들의 제일가는 공적은 뭐니 뭐니 해도 사람의 지배에서 법에 의한 지배로의 일대 전환을 시도했다는 것입니다. 이는 법치주의의 역사에서 실로 코페르니쿠스적인 사건에 해당합니다. 법가의 희생과 분투로 인해 비로소 사람의 지배가 갖는 불완정성(자의성, 우연성, 개인성)을 극복하고 그로부터 벗어날 기회가 열린 것입니다.

춘추·전국의 혼란을 극복하고 중국의 통일을 이룩한 것도 법가의 노력 없이는 불가능한 일이었습니다. 봉건제를 극복하고 중앙집권적 통일국가를 수립한 중국의 경험은 서양역사보다 약 2,000년가량 앞선 것이었으며, 이후 중국은 중앙집권국가의 명맥을 유지할 수 있었습니다.

자영농, 부농, 신흥지주 등 신흥세력을 대변하고 봉건적 토지소유제를 혁파함으로써 생산력의 발전에 조응한 것도 이례적인 일입니다. 생산력을 구성하는 것은 노동력과 생산도구이며, 생산관계는 주로 생산수단(토지)의 소유관계 및 노동의 조직관계를 말합니다. 춘추전국시대는 철제농기구의 발달 등으로 생산력이 비약적으로 발전할 수 있는 토대가 마련되었으나 봉건영주의 토지독점(정전제), 강제노동 등 낡은 생산관계가 그 발전을 가로막고 있었습니다. 법가는 이러한 낡은 생산관계를 해체하고 새로운 생산관계(토지의 사적소유, 자영농, 자유노동)를 수립하여 생산력의 발전을 도모하였습니다. 법(률)이 사회의 상부구조의 하나로서 기존의 생산관계를 옹호하는 역할에 치중해온 점에 비추어볼 때 이는 매우 특이하고 의미 있는 현상입니다.

인간 본성론, 욕망에 대한 통찰을 통해 인간에 대한 이해의 폭을 넓히고 통치술 등 정치사상을 다채롭게 발전시킨 점도 빼놓을 수 없고, 국가제도와 조직의 발전에 기여한 측면도 부인할 수 없는 법가의 업적입니다. 법가를 폄하한 사마천마저 《사기》 〈태사공자서〉에서 이렇게 말합니다.

'법가는 엄격했지만 은혜는 적다'라고 했다. 그러나 군주를 높이고 신하를 낮추며 직분을 구분해 서로 권한을 넘어설 수 없게 한 것은 비록 여타 제자백가라 하더라도 바꿀 수 없다.

법가의 한계

빛이 있으면 어둠이 있는 것처럼 공(功)이 있으면 과(過)도 있습니다. 법가의 한계는 우선 엄한 형벌을 시행하여 백성을 해치고 상하게 하였다는 것입니다. 상(은)나라에서는 길에 재를 버리면 손목을 잘라버렸고, 진(상앙)나라에서는 묵형에 처했습니다. 백성은 곧 농사짓고 전쟁할 사람이기 때문에 이들을 상하게 하는 일은 결국 농전(農戰)의 수행, 부국강병에도 장해가 되는 일입니다.

법가가 엄한 형벌을 시행한 것은 물론 나름의 이유가 있었습니다. 그것이 재범을 막고, 일반인에게 겁을 주어 범죄를 예방하는 데 효과적이라고 보았기 때문입니다.

정치를 모르는 사람은 '중형은 백성들을 상한다. 경형으로 간사함을 그치게 할 수 있다면 하필 중형이랴'라고 말한다. 이것은 정치를 살필 줄 모르는 것이다. 대체로 중형으로 그치게 할 수 있는 것을 반드시 경형으로 그치게 한다고 할 수 없다. 그러나 경형으로 그치게 할 수 있는 것을 반드시 중형으로 그치게 할 수는 있다. 이로써 보건대 위에서 중형을 설치하면 간사함을 다 그치게 할 수 있다. 간사함이 다 그친다면 이것이 백성들에게 어찌 해가 되랴.

《한비자》<육반>

　　그러나 엄한 형벌만으로 범죄를 종식시킬 수 있다면 범죄로 골머리를 앓는 나라는 지구상에 하나도 없을 것입니다. 범죄는 다양한 원인에 의해 발생하고 따라서 그 예방책도 다방면에 걸쳐 종합적으로 검토되고 수립되어야 합니다. 저지른 잘못과 그에 대한 처벌이 비례성을 잃으면 그 법을 집행하는 통치세력은 물론이고 법 일반에 대한 국민의 불신과 불만, 저항이 증폭됩니다. 형벌이 가혹하면 다수의 유민과 도적이 발생하여 오히려 법치주의에 장애가 됩니다. 벌을 주되 원망하지 않게 하여야 하고(주이불기 誅而不忌), 무엇보다 당사자가 납득할 수 있어야 합니다. 물론 당사자가 수긍하는 형벌이 반드시 용이한 것은 아닙니다. 범죄자는 '죄에 비해 형벌이 무겁다'고 느낄 것이고, 반대로 피해자나 일반인은 '죄는 무거운데 형벌은 가볍다'고 느낄 것입니다.

　　범죄의 생활·환경적 요소를 간과한 것도 법가의 한계라 할 수 있습니다. '개인은 소문자로 쓰여진 사회'이고 '사회는 대문자로 쓰여진 개인'입니다. 법가는 이형거형(以刑去刑), 즉 형벌로 형벌이 없는 세상을 만들고자 하였지만 국민의 물질생활의 안정, 사회의 개선 없이는 그와 같은 목표에 이를 수 없습니다. 범죄는 범죄자 개인의 일탈일 뿐 아니라 범죄유발적인 사회 환경의 반영이기 때문입니다. 그런 점에서 '창고가 넉넉해야 비로소 예절을 안다'는 관자의 지적은 충분히 새겨 들여야 할 대목입니다.

교육과 문화의 의미를 과소평가한 측면도 있습니다. 법가는 교육과 문화를 강조하는 유가에 대해 '현실의 군주를 모두 공자로 만들고, 백성들을 모두 공자의 제자로 만들고자 한다'고 비아냥거렸지만 교육과 문화가 인간의 이성과 사회적 연대성을 강화하여 범죄를 억제하는 것은 부인할 수 없는 사실입니다. 범죄자의 재범을 방지하는 가장 효과적인 수단이 교육(진학)이라는 실증적 통계도 다수 존재합니다.

상앙의 3통(三統), 진시황의 분서갱유사건에서 보듯 학문·사상의 자유를 억압하고 획일화를 추구한 것도 큰 과오의 하나라 할 수 있습니다. 사상과 표현의 자유를 억압하는 것은 그 자체로 반인권적일 뿐 아니라 사회의 정체, 문화의 퇴보를 초래합니다.

법가가 절대군주제를 옹호하고 특히 군주가 무위(無爲), 허정(虛靜)하면서 관료를 통제·제어해야 한다고 한 것도 크게 비판받는 대목입니다. 지배자의 모범, 솔선수범과는 완전히 배치되는 것이고 순자는 이렇게 되면 '아예 지도자 없는 것과 같다'라고 평가합니다.

> 세속에 논객들은 군주의 도리는 비밀스러워야 이롭다고 하는데, 이것은 잘못된 것이다. 군주는 백성보다 앞서 주장하는 사람이고 윗사람은 아랫사람의 모범이다. 백성들은 먼저 주장하는 사람에 따라서 호응하고 모범을 보고 움직인다. 앞서서 주장해야 할 군주가 조용히 입을 다물고 있으면 백성은 호응할 수 없고 윗사람이 모범적인 행동을 숨기면 아랫사람들은 움직일 수가 없다. … 이와 같으면 윗사람이 없는 것과 같은 것이니, 이보다 큰 불행은 없다.
>
> 《순자》<정론>

결국 법가는 법이면 무엇이든 할 수 있고, 이룰 수 있다는 법 만능주의적인 생각을 벗어나지 못하였다고 할 수 있습니다. 국가와 사회가 운영되는 데 있어서 법이 중요한 것은 분명한 사실이나 한편 정치와 경제, 교육과 문화의 기능과 역할 또한 무시할 수 없는 것입니다. 근래 들어 무슨 사건만 발생하면 특별법을 만들어 해결하려는 경향이 강한데 대부분 근본적인 해결책이 되지 못할 뿐 아니라 법이란 본질적으로 강제이고 자유의 침해라는 것을 명심해야 할 것입니다. 제임스 길리건의 지적처럼 특정 정당(공화당)이 집권하면 예외 없이 자살율과 살인사건 발생률이 증가하고 다른 정당(민주당)이 집권하면 예외 없이 감소한다면 이를 순전히 법의 문제라고 말할 수는 없습니다.

사람의 문제도 간과할 수 없습니다. 위정재인(爲政在人)이고 위법재인(爲法在人)입니다. 정치도 법도 모두 사람에게 달려 있습니다. 법을 만들고 적용하고 해석하는 것은 결국 사람이며, 따라서 법을 다루는 사람의 자질과 능력, 품성과 교육이 문제가 됩니다. 노나라의 애공이 공자에게 정치를 묻자 공자는 '정치를 행하는 것은 사람에게 달려 있다. 옛날 문왕과 무왕의 정치를 한 사적이 역사책에 실려 있다. 그 당시와 같은 군주와 신하가 있으면 그와 같은 정치가 될 수 있고 그 당시와 같은 군주와 신하가 없어지면 그러한 정치는 끊어지고 말 것이다"라고 대답했습니다.

마지막으로 강조할 것은 사랑(자비·인)과 용서의 가치입니다. 물론 법의 목적은 정의(평화)의 실현이고, 종교의 목적은 구원과 사랑입니다. 그러나 때로는 엄한 처벌보다 사랑과 용서가 사람을 변화시키고 사회를 개선하고 궁극적으로 범죄를 예방할 수 있습니다. 시절이 각박할수록 엄벌주의가 득세하지만 '정의만 내세우면 그 누구도 구원받을 수 없다'는 셰익스피어의 말을 상기할 필요가 있습니다.

법의 지배를 향하여

법으로써 나라를 다스리는 방법을 세우고 상벌을 분명히 하는 것은 내 일신을 위한 것

이 아니라 백성 전체에 이익을 주고 다수의 사람을 행복하게 하는 길이기 때문입니다.

《한비자》<문전>

법의 지배

법에 의한 지배(rule by law)는 법이 통치의 기준이자 수단인 지배를 의미합니다. 법이라는 수단을 통한 지배이기만 하면 그 법의 정당성을 묻지 않았고, 통치자(군주)는 그 법에 구속되지 않았습니다. 분명 사람의 지배에 비해 진일보한 것이지만 법치주의의 완성이 아니라 시작일 뿐입니다.

반면 법의 지배(rule of law)는 군주(지배자)를 포함하여 모든 사람이 평등하게 법에 구속되는 지배이고, 법의 자연법성, 합헌성, 정당성이 문제가 되는 지배입니다.

법가가 주창한 법치주의는 법에 의한 지배를 뜻하고 법의 지배를 의미하는 것은 아닙니다. 그러나 장구한 세월 계속된 사람의 지배를 대체하고 최초로 법에 의한 지배를 주장한 것만으로도 법가는 자기의 시대적 사명을 충분히 완수했습니다.

향후의 역사는 결국 법의 지배를 실현하기 위한 역사가 될 것입니다. 그러나 그 과정은 역시 전진과 후퇴, 왜곡과 굴절이 반복되는 매우 더디고 지난한 과정이 될 것입니다. 특히 오랜 절대군주제와 숭유(崇儒)의 전통, 인치(人治)와 꽌시(關係)의 관행, 공산당 일당독재체제를 고려하면 중국에 있어 법치주의의 전망은 그리 밝지 않습니다. 작금의 홍콩 사태는 그러한 우려가 단지 기우만이 아님을 보여줍니다. 법의 지배에 필수적인 민주적 선거제도, 복수정당제, 언론·출판·집회·결사의 자유, 권력의 분립, 재판의 독립, 헌법재판제도가 아예 없거나 부실합니다.

그러나 거시적으로 보아 역사는 분명 발전하고 자유, 평등, 인권,

정의, 평화, 사회적 연대, 행복을 이념으로 하는 법의 지배는 실현될 것이며, 그때 비로소 법가의 못다 이룬 꿈도 활짝 피어날 것입니다.

법의 지배는 곧 좋은 법의 지배를 뜻하고 이는 입법부가 민주적으로 선출되고 국민의 뜻을 제대로 반영하여 법을 제정할 수 있을 때 가능합니다. 법의 제정주체인 입법부와 그 실행주체인 행정부, 선언주체인 사법부가 서로 분립하고 견제하여 권력의 독점과 남용을 방지하여야 합니다. 재판의 독립이 보장되어야 하고 위헌적인 법률을 통제할 실효적인 헌법재판제도도 필요합니다.

법의 지배는 이처럼 민주주의를 요구하지만 민주주의가 반드시 법의 지배를 보장하는 것은 아닙니다. 윈스턴 처칠은 '민주주의란 지금까지의 모든 정부형태를 제외하면 최악의 정치체제'라고 했습니다. '역대 정치체제 중 가장 나은 것이지만 완전하지 않고 문제도 많다'는 말입니다. 민주주의는 언제든지 다수의 독재 또는 다수를 빙자한 전제정치로 전락할 위험이 있으며, 우리는 이를 소크라테스 재판이나 나치의 집권사례에서 확인한 바 있습니다. 사법부와 검찰에 선거제도를 도입하는 문제가 논의되고 있지만 잘못하면 사법기관의 정치화를 초래하고, 여론재판이 횡행하고 형벌은 가혹해질 위험이 있습니다.

민주주의가 다수의 횡포나 전제정치로 전락하지 않기 위해서는 소수자의 권리와 시민의 자유로운 활동이 보장되고, 자유와 정의, 인권에 뿌리를 둔 법의 지배가 실현되어야 합니다. 자유주의의 가치에 의해 보완되고 견제되어야 하는 것입니다.

자유, 평등, 박애

헝가리 시인 페테피는 '사랑이여 그대를 위해서라면 내 목숨까지 바치리. 그러나 사랑이여 조국의 자유를 위해서라면 내 그대마저 바치리'라고 노래했고, 독일 시인 하이네는 '프랑스인은 자유를 애인처럼 사랑하고, 영국인은 아내처럼 사랑하며, 독일인은 할머니처럼 사랑한다'고 꼬집은 바 있습니다. 칼 포퍼는 '알프스 고지대 협곡에 어떻게 사람들이 정착하게 됐는지를 생각해보면 가장 그럴듯한 해석은 자유'라고 했습니다.

신자유주의의 대두로 인해 자유가 마치 보수의 전유물이고 구시대적인 것처럼 인식되고 있으나, 신자유주의가 말하는 자유는 본질적으로 '시장의 자유' '자본의 자유'입니다. 실은 자유라는 이름의 이윤이고, 여타의 많은 자유에 대해서는 오히려 매우 냉담하고 적대적입니다. 결과적으로 자유의 총량의 확대가 아니라 축소이고, 자유주의가 아니라 반 자유주의라 할 수 있습니다. 보수와 진보의 대립은 근본적으로 전통과 자유의 대립이며, 자유는 진보의 제1차적 가치이고, 다른 모든 가치의 전제입니다.

그러나 자유가 만병통치약은 아닙니다. 절대적으로 옳고 절대적으로 중요한 오직 하나의 가치는 존재하지 않습니다. 극단의 민주주의가 자유를 먹어 삼키는 것처럼 극단의 자유주의도 민주주의를 형해화 시킵니다. 양극단을 경계하고 자유주의로 민주주의를 견제하고 민주주의로 자유주의를 견제하는 적절한 균형이 필요합니다.

자유와 평등의 관계도 마찬가지입니다. 고삐나 멍에, 울타리를 좋아하는 동물은 없으며 그런 점에서 자유는 인간의 원초적이고 생물학적인 본성이라 할 수 있습니다. 반면 평등은 오랜 공동체 생활을 통해 후발적으로 형성된 인간의 사회적 본성(지향)에 가깝습니다.

　　따라서 자유와 평등의 관계는 생물학적 본성과 사회적 본성의 관계와 크게 다르지 않습니다. 어느 하나를 강조하면 다른 하나가 희생되기도 하지만 다른 한편 자유는 평등을 가능케 하고 또 평등은 자유를 실질화합니다. 자유와 평등의 조화로운 확대·강화가 가능하고 또 필요한 것입니다. 오늘의 자본주의가 지속가능하기 위해서는 역설적으로 평등이 확대되어야 하고 사회주의가 인간의 얼굴을 하기 위해서는 자유가 확대되어야 합니다.

　　프랑스 혁명의 기치는 '자유, 평등, 박애'였고, 우리 대법원의 표어도 '자유, 평등, 정의'입니다. 모두 자유와 평등의 동시 추구, 조화를 지향하고 있으며 이를 가능하게 하는 것이 제3의 가치인 박애, 정의의 정신입니다. 프랑스혁명이 표방한 자유의 가치는 해양(대서양, 태평양)을 건너 한반도 남쪽에 이르고, 평등의 가치는 대륙(동유럽, 러시아, 중국)을 횡단하여 한반도 북쪽에 이르러 서로 대치하다가 마침내 박애(정의)의 정신으로 수렴·통합되리라고 예언한 사상가도 있습니다.

모두 함께

　　역사를 '위인들의 전기'라고 보는 사람이 있는가 하면 '대장장이 셋이 제갈량 보다 낫다'는 사람도 있습니다. 전자가 '영웅사관' '엘리트사관'이라면 후자는 '민중사관'이라 할 수 있습니다. 마르크스 같은 사람은 아예 계급간의 갈등과 투쟁이 역사발전의 동력이라고 평가하기도 합니다.

그러나 영웅사관, 민중사관 모두 일면의 진실일 뿐입니다. 서로 정반대의 역사관처럼 보이지만 영웅과 민중을 분리하고 대립시키는 점에서는 동일합니다. 영웅은 어느 날 갑자기 하늘에서 뚝 떨어진 사람이 아닙니다. 역사적·사회적 존재이고, 시대와 상황의 산물입니다. 사회 속에서 성장하고 관계 맺으며 시대의 요구를 반영하여 활동합니다. 영웅의 성취와 한계는 한 개인의 성취와 한계를 넘어 그 시대의 성취와 한계의 총화입니다.

　　대장장이 셋이 모이면 대장장이의 집합일 뿐 곧바로 제갈량이 되는 것은 아닙니다. 1미터 높이를 뛰는 사람 셋이 모이면 3미터를 뛰는 것이 아니라 각자 1미터를 뛸 뿐인 것과 같습니다. 단순한 군집에 불과한 민중의 힘과 지혜를 조직하고 고양하는 것은 뛰어난 개인의 역할입니다. 역사 속에서 무수히 명멸한 뛰어난 영웅들이 없는 역사의 발전은 상상하기 어렵습니다.

　　그러나 머리가 없는 손·발이 돌멩이 하나 옮기지 못하는 것처럼 손·발 없는 머리 또한 풀 한 포기 심지 못합니다. 역사의 수레바퀴를 밀고 나가는 것은 민중이며, 역사는 다수 민중이 자각하고 행동하는 수준만큼 진보합니다. 결국 뛰어난 개인과 다수 대중의 힘이 혼연히 일체가 되어 역사를 밀고 나가며 법의 지배를 위한 위대한 전진도 그와 다르지 않습니다. 말하자면 시인 백석이 노래한 모닥불 같은 것이라 할 수 있습니다.

　　새끼오리(오라기)도 헌신짝도 소똥도 갓신창도 개니빠디(이빨)도 너울쪽도 짚검불도 가락잎도 머리카락도 헝겊조각도 막대꼬치도 기왓장도 닭의 짗(깃)도 개터럭도 타는 모닥불

출사의 변

다시 한비로 돌아가겠습니다. 한비의 출사의 변은 현대판 법가들에게 법이란 무엇이며, 법을 다루는 사람들은 어떠해야 하는지 많은 생각을 하게 합니다. 한비는 일찍이 군주를 설득하는 일의 어려움에 대해서 다음과 같이 설파한 바 있습니다.

> 자기가 설득하려는 상대방이 의를 중히 여기며 명예를 얻고자 하는데 이익이 많은 일만을 강조한다면 상대방은 설득하는 자를 비루한 인물이며 그가 자기를 비천한 자로 평가하고 있다고 오해하여 반드시 그 의견을 멀리하게 됩니다. 설득하려는 군주가 나라의 부를 중히 여기고 이익이 있는 일을 하려고 하는데 명예에 대한 얘기만을 꺼내면 군주는 그 사람을 세상물정에 어두운 자라고 생각하여 반드시 등용하지 않을 것입니다.
>
> 《한비자》 <설난>

단지 그의 의견을 멀리하고 등용하지 않는 것에 그치지 않고 어쩌면 목숨을 내놓아야 할 위험한 일이라는 것도 한비는 잘 알고 있었습니다. 그럼에도 한비는 간하는 일을 계속하였습니다. 당계공이 한비에게 말했습니다.

> … 사람이 자기주장을 관철해나가자면 반드시 적이라는 것이 생기게 마련인데 적이 많아지면 도저히 화를 면할 수가 없습니다. 그러니 당신도 지금과 같은 난세에는 주장을 관철시키려는 생각을 버리는 것이 좋을

듯싶습니다. 그 지식을 숨기고 일생을 안전하게 보내는 것이 현명한 길이라고 생각됩니다. 그렇지 않고 일신의 위태로움을 무릅쓰고 '법을 세우지 않으면 안 된다. 상벌을 분명히 해야 한다'고 계속해서 주장하다 보면 반드시 화를 입게 됩니다.

그러자 한비가 답합니다. 법치를 주장하는 것은 '백성 전체에 이익을 주고 다수의 사람을 행복하게 하는 길'이기 때문이며, '위험을 아랑곳하지 않고 오직 백성을 다스리고 나라를 번성케 하는 일에만 힘쓰는 것이 인자나 현자의 할 일'이라는 것입니다.

선생의 말씀에 대해 내 입장을 밝혀두겠습니다. 내가 천하를 다스리는 권병이나 또 사람을 잘 다스려 나라를 융성케 하기 위해서는 어떻게 하는 것이 좋다고 아무리 말해보아도 그 의견이 반드시 채택된다고 단언할 수는 없습니다. 그러나 나는 당신의 충고에 따르지 않고 내가 믿고 있는 주의를 관철해 나가고자 합니다. 왜냐하면 법으로써 나라를 다스리는 방법을 세우고 상벌을 분명히 하는 것은 내 일신을 위한 것이 아니라 백성 전체에 이익을 주고 다수의 사람을 행복하게 하는 길이기 때문입니다. 만약 지혜가 모자라는 군주가 있어 나의 주장을 배척하고 또 참소하는 자가 있어도 이것은 어쩔 수 없는 일입니다. 참으로 세상을 위하는 길이라면 비록 그 몸이 희생되는 일이 있더라도 그 뜻을 굽혀서는 안 되는 것입니다. 위험을 아랑곳하지 않고 오직 백성을 다스리고 나라를 번성케 하는 일에만 힘쓰는 것은 인자나 현자의 행위라고 나는 믿습니다. 어리석은 군주가 가하는 재난을 두려워하고 일신의 위험을 피하며 처세를 조심하고 백성의 이익보다는 자기 자신의 안전을 먼저 생각하는 것은 참으로 비겁한 소인배와 같은 행위입니다. 그러한 소인배와 같은 행위를 하는 것은 나로서는 참을 수 없는 수치입니다. 어떻게든 인자나 현자로서 행동하고자 하는 것입니다. 그러므로 일신의 위험을 아랑곳하지 않고 내가 믿는 주의를 주장해 나가는 것입니다. 당신이 나의 일신을 염려하여 충고해주는 것은 고맙지만 일신만 보존하면 세상은 어찌되어도 좋다는 식으로 살아가고 싶지는 않습니다. 그러니 당신의 충고는 결국 나의 덕을 해치는 것 밖에 되지 않으므로 따를 수 없습니다.

《한비자》<문전>

참고문헌

가이즈카시게키(貝塚茂樹). 한비자 교양 강의.

강신주. 제자백가의 귀환 2. 관중과 공자.

고전연구회. 2천년을 이어온 논쟁.

김 석. 논어에 반하다.

김 석. 법철학소프트.

김예호. 역주. 한비자 정독.

김예호. 고대중국의 사상문화와 법치철학.

김원중 옮김. 염철론. 환관.

김원중 옮김. 한비자.

김지환 외 옮김. 국사개요. 판슈즈(樊樹志).

김학주 옮김. 열자.

김혜경 옮김. 명등도고록. 이지.

도광순 역주. 논어.

박건영. 이원규 평역. 한비자.

박미라 역주. 신서. 가의.

범문란·박종일 옮김. 중국통사.

부정원(傅正源). 법가, 절대권력의 기술.

성동호 역해. 한비자.

신동준 옮김. 관자.

신동준. 열국지 교양강의.

신영복. 강의-나의 동양 고전 독법-

안외순. 묵자.

연정열. 동양법철학사상.

우재호 역주. 상군서.

우치야마도시히코. 순자 교양 강의.

유택화. 장현근 옮김. 중국정치사상사.

이기동 역해. 서경강설.

이상옥 완역. 예기.

이우재. 맹자읽기.

이중텐, 김택규 옮김. 이중텐(易中天)중국사.

이춘식. 춘추전국시대의 법치사상과 세·술.

이토진사이. 최경열 역. 논어고의.

임건순. 묵자 — 공자를 딛고 일어선 천민사상가.

임법융 주해. 도덕경 석의.

장국화. 윤진기 외 옮김. 중국법률사상사.

장진번 외. 한기종 등 역. 중국법제사.

최병갑 풀어씀. 회남자. 유안.

최재목·박종연 역. 노자. 진고응.

저자소개

1965년 출생
고려대 법대 졸업
2002년 사법시험 합격
변호사, 산책가

법가를 위하여

초판발행	2021년 2월 25일
지은이	김 석
펴낸이	안종만·안상준
편 집	전채린
기획/마케팅	조성호
표지디자인	박현정
제 작	고철민·조영환
펴낸곳	(주)**박영사**
	서울특별시 금천구 가산디지털2로 53, 210호(가산동, 한라시그마밸리)
	등록 1959. 3. 11. 제300-1959-1호(倫)
전 화	02)733-6771
f a x	02)736-4818
e-mail	pys@pybook.co.kr
homepage	www.pybook.co.kr
ISBN	979-11-303-3834-7 03360

정 가   12,000원